高校校园文化建设与学生管理工作研究

余　泓　张蓬勃　刘君梅◎著

中国商业出版社

图书在版编目（CIP）数据

高校校园文化建设与学生管理工作研究 / 余泓，张蓬勃，刘君梅著. -- 北京 ：中国商业出版社，2025. 4.
ISBN 978-7-5208-3403-2

Ⅰ. G647；G645.5

中国国家版本馆CIP数据核字第2025X5E161号

责任编辑：许启民

策划编辑：武维胜

中国商业出版社出版发行

（www.zgsycb.com 100053 北京广安门内报国寺 1 号）

总编室：010-63180647 编辑室：010-83128926

发行部：010-83120835/8286

新华书店经销

河北领秀数字印刷有限公司印刷

*

787 毫米 ×1092 毫米 16 开 12.5 印张 217 千字

2025 年 4 月第 1 版 2025 年 4 月第 1 次印刷

定价：59.00元

* * * *

前 言

随着我国高等教育事业的快速发展，高校校园文化建设和学生管理工作备受关注。校园文化是高校的软实力，是高校特色和品牌的象征，对于培养学生的品格和素养具有重要作用。学生管理工作是高等教育的重要组成部分，直接关系学生的学习、生活和发展。因此，高校校园文化建设和学生管理工作研究具有重要的意义。

高校校园文化具有强烈的时代性、鲜明的导向性、内在的凝聚性、内容的丰富性和发展的创新性等特征。高校校园文化具有思想导向、力量凝聚、行为约束、社会辐射和生活激励等功能，与课堂教学文化共同服务于高校人才培养。

高校学生是祖国的未来和希望，高校学生管理工作在高校工作中占据重要地位。随着社会的不断发展，高校学生管理工作也需要不断创新与发展。如何在新时代背景下创新高校学生管理工作，满足学生的需求，使学生能够全面发展，是当今高校管理工作亟待解决的问题。因此，对高校学生管理工作的创新发展进行深入研究，对于推动高校学生管理工作的现代化、科学化、规范化具有重要意义。

高校学生管理工作是高校教育教学工作的重要组成部分，而良好的高校校园文化是学生管理工作顺利开展的必要前提。可以说，高校校园文化建设和学生管理工作有着密不可分的关系，它们互相制约，互相促进。如何更好地整合资源，运用有效的手段和方法，建立起两者密切的互动机制，提升高校的整体管理水平和综合实力，已成为当前高校管理者和教育工作者面临的重要课题。

本书首先论述了高校校园文化建设的作用、功能、原则等基础内涵；其次从高校校园精神文化建设、高校校园制度文化建设、高校校园行为文化建设、高校校园物质文化建设等视角探讨了高校校园文化建设的管理及实现路径；再次通过深入研究高校学生管理工作的理论基础、工作理念、工作模式、工作手段以及多元化发展，探讨了当前高校学生管理工作的实施路径以及发展创新；最后探寻出高校校园文化建设与学生管理的融合发展之路，以校园文化建设加强学生管理工作，以学生管理工作助推校园文化建设。

本书在撰写过程中，参考、借鉴了大量著作与部分学者的理论研究成果，在此一一表示感谢！由于笔者精力有限，加之行文仓促，书中难免存在疏漏与不足之处，望各位专家学者与广大读者批评指正。

目　录

第一章

高校校园文化建设概述

第一节　高校校园文化的内涵与特征

一、高校校园文化的内涵

高校校园文化是指在高校校园区域内，由学校教职员工和广大学生共同创造的具有独立品格的各种文化形态的总和，是校园里所呈现出的一种独特的人文景观。它包括师生的价值观、精神境界和精神风貌、思维方式和行为准则、教风与学风以及学校的传统与习惯、各类文化设施及文化活动、环境布局、绿化美化等诸多方面。这些方面汇成了学校的精神文化、物质文化、制度文化、行为文化，继而统一成具有时代特征的一种群体文化。

高校校园文化还是以文化为特征的物质和精神环境的总和。它是向人们展示学校在长期办学活动中师生员工所再现的创造力、价值观、思维方式、心理活动、审美意识等，并以动态的参与方式实现共同创造、共同维持、共同遵循、共同发展的群体文化。也可以说，高校校园文化是集体智慧的结晶，并不断地以直接或间接的方式影响高校校园建设整体规划的制定与实施。

二、高校校园文化的特征与属性

（一）高校校园文化的特征

关于“特征”一词，有两个层面的含义：一是本质特征，二是区别特征。所谓本质特征，就是指在某个领域或系统中能够反映某个事物根本特性的特征。所谓区别特征，则是指此事物区别于其他事物的特征。就高校校园文化而言，其本质特征主要有超前性、开放性、教育性、易变性、独特性、创新性和相对持久性。因为这些特征都与高校校园文化本质相连，在一定程度上反映和表现了高校校园文化的本质。

1. 超前性

高校的社会地位越来越高，已经由社会的边缘逐步走向社会的中心，引领和带动社会的发展已成为高校不可推卸的义务和责任。所以，高校的思想和意识往往走在社会的前列，尤其是青年大学生，他们正处在自我意识大觉醒的时期，充满理想与幻想，对社会的弊端和不合理因素感受最敏锐也最强烈，对改革的呼声也最高。因而，高校校园文化往往走在冲击传统、变革传统的最前沿，往往能迅速反映当今科技前沿、文化思潮、学术研究等各个方面的最新动向和研究成果。这种超前的文化意识对于整个社会文化的建设和发展具有极其重要的作用，并且充满时代气息和探索精神，给社会文化注入活力，推动着社会文化的发展。

2. 开放性

高校历来是各种文化思潮汇聚、交融的地方。校园文化在确定自身走向时，总是吸收传统的、现代的、民族的、外来的、世俗的、精神的、超前的和滞后的等各种文化因素，经综合考虑后再做出自己的抉择。今天的高校校园文化不仅有传统文化的精髓，也有外来文化的有益养分，是传统文化与现代文化整合、民族文化与外来文化碰撞、物质文化和精神文化交融的产物，充分体现出校园文化的开放性。在大众传播媒介日益现代化的新形势下，高校校园文化将在兼收并蓄、吐故纳新中不断更新，使其开放性体现得更为明显。

3. 教育性

高校校园文化贯穿于高校师生日常的工作、学习、生活之中，具有很强的感染力。优秀的高校校园文化就是潜在的教育力量，它不一定有明确的具体要求，却以深刻而持久的潜在作用，影响着师生的思想、情感及内心世界，使其形成牢固的道德观念、崇高的思想品质和积极向上的人格精神，在不知不觉中接受教育，在无形中受到美好事物的启迪和熏陶，并内化为内心深处的高尚情操。

4. 易变性

作为高校校园文化主体的大学生和教师，对社会风云变幻要比其他群体更为敏感，社会上一有风吹草动，便会在校园里有所反映，使校园文化呈现出易变的特征。这些年，多种热点走马灯似的你来我往，往往是“你方唱罢我登场，各领风骚三五年”，令人目不暇接，却又转瞬即逝。这种多变易逝的特点是师生追求新奇和追赶时代潮流，敢于标新立异的具体表现。

5. 独特性

由于学校所处的地域环境、文化氛围以及学校自身的发展历史、背景各异，高校校园文化之间也呈现出与众不同的独特性。从地域来说，南方与北方、东部与西部、沿海与内陆的高校具有不同的校园文化特征。从学校性质来说，综合性高校由于学科门类齐全，校园文化活动的形式多、内容广、影响大，而学科性高校专业优势突出，校园文化活动的开展往往带有学科专业的特点，对专业技能的要求比较高。可见，每所高校都有其自身的校园文化特征，存在着各自文化内涵和表现上的差异，从而构成了色彩斑斓的校园文化。

6. 创新性

高校校园文化的形成是一个不断继承和创新的过程。高校校园文化存在于发展的过程中，一方面要吸收借鉴以往的文化成果，表现出继承性；另一方面在对以往文化成果吸收借鉴的基础上进行选择和批判，不断地发展创新。创新性是高校校园文化最鲜明的特色。高校校园文化的创新性是由高校的任务和使命决定的。高校作为社会新知识、新信息的集散地，其任务和使命就是创新。高校广大师生员工作为一个特殊的文化群体，生活工作在各种文化信息最集中的环境当中，较多地受到各种文化思潮的影响，吸收了各种新的文化信息，他们有能力也有条件涉足前人所未涉足的思想空白区，对由于历史、政治、社会等原因所造成的思想禁区进行认真思考，提出自己的观点，形成新观点、新思想，使旧的观念思想在批判中得到更新。

7. 相对持久性

高校校园文化对校园人的影响主要是通过学校的显性课程和隐性课程来实现的。高校的显性课程是指学校为实现培养人才的目标而使学生必须掌握和形成的知识、技能、思想观点、行为规范等而规定的系列课程；隐性课程则主要是指学校的校园建筑、环境的绿化美化、文化设施、文化生活和校风、教风、学风及人际关系与心理气氛等。高校校园文化影响的非强制性更多的是通过学校隐性课程对师生潜移默化的作用实现的。学校通过设计形成特定环境和氛围对师生进行陶冶和感染，潜移默化地影响全体师生的思想、情感和生活，起到净化、美化师生心灵的作用。因为校园文化是学校优良传统文化的结晶，所以具有较大的稳定性，这就使得它对师生产生的影响也具有相对持久性。这种持久性不仅表现在高校校园文化对其所培养人才影响的长效性上，而且表现在它对师生走向社会后的为人处世和个人发展方向的影响方面。良好的校园文化对师生的影响会使他们的思想和行为留下校园文化的烙印，使他们在面对社会文化环境与校园文化之间的差异时不会产生异化现象，相反会在这种差异面前更加强化他们已经形成的良好品质和行为方式。

（二）高校校园文化的属性

高校校园文化有许多属性，但是能够决定高校校园文化之所以是高校校园文化而不是其他文化的属性，即本质属性则主要是教育属性和大学属性。其中，高校校园文化的教育属性特别明显，高校校园文化中的“校园”就是其教育属性的表征，它不仅是指教育的场所和载体，而且包括校园内的各种教育形式和教育内容。高校校园文化中的“高校”虽然不完全等同于大学，但属于一般意义上的大学，因而具有大学的属性。不过，也不是所有的教育属性和大学属性都是高校校园文化的本质属性，只有那些与高校校园文化本质相连的属性才是其本质属性。因为本质属性是本质的外部表现。虽然本质属性与本质不是一一对应的关系，而往往是多个本质属性对应一个本质、反映一个本质的关系，但是事物的本质属性毕竟是最接近本质以及最能够表现和反映本质的。[①]从历史发展看，高校发生了很大的变化，但是不管怎么变化，贯穿在高校发展各个历史阶段的主线始终没有变，那就是人才培养。这种始终没有变的主线就是大学的本质属性之所在。

第二节　高校校园文化建设的作用与功能

作为高校思想政治教育工作的有效载体，高校校园文化建设对于教育目标的全面实现以及大学生健全人格的发展，具有重要的作用和功能。[②]

一、引领社会文化的发展

高校是以传授高等知识、研究高深学问、培养高级人才、开发高新科技为主要内容的教育机构，是知识的集散地、辐射源和创新基地，是人类追求文明进步的精神殿堂。作为保存、传承、传播和创造先进文化的重要场所，高校具有文化传承与创新的历史使命，并在建设社会主义现代化国家过程中发挥着越来越重要的文化引领作用。这主要体现在：一是具有继承传播文化知识的作用。高校凭借高素质人才聚集的优势以及创新的能力，在文化理论建设、研究和传播中发挥带动作用。二是具有培养高层次人才的作用。高校培养高层次人才的职能，使它担负着培养国家建设、民族复兴所需要的德才兼备的优秀人才，包括文化建设的领军人物的职责。三是具有思想引领的作用。高校是新思想、新理论、新知识的摇篮，是国家发展的人才库、智囊团、思想库，在文化理论研究和文化建设方面，始终引领着社会前进的方向。四是具有文化创新的作用。高校校园文化研究与实践的主动性，使高校成为文化理论研究创新和文化体制机制创新的策源地。五是具有带动社会良好风气的形成的作用。先进的人文建设和高尚的价值示范，对社会风气产生积极的影响。

因此，一方面，高校要认清自身的职责和使命，加强文化建设，坚持以人

---

① 谢守成．新时代高校文化建设的基本要求[J]．学校党建与思想教育，2017（12）：4-9.

② 冯刚．新时代文化育人的理论考察[J]．学校党建与思想教育，2019（5）：4-7.

为本，重在“化人”，建设开放、多元化的高校校园文化，同时发挥文化桥梁和文化交流中心的作用，并注重创新，以全面提高高校校园文化建设水平。另一方面，高校要充分认识自身在文化建设中具有的引领作用，不断增强文化自觉、文化自信、文化自强，引领社会文化发展，促进文化的繁荣和发展，以实现建设文化强国的宏伟目标。随着现代社会的发展，以传播知识为主的高校在社会活动中的作用越来越重要，学校及师生更多地融入社会活动中，并与社会建立广泛、密切、深入的联系，参与社会不同领域的服务与发展，促进社会的进步。另外，高校也一直是各种新思想新理论的发源地，是各类思潮和运动的策源地，因为其具有的先进性而对社会产生重要的影响。尤其是高校通过人才培养、科学研究、社会服务和文化传承创新等功能的发挥为文化的发展繁荣做出自己的贡献。因此，高校校园文化不仅承担着育人的职责，也承担着引领社会文化的职责，在利用先进文化的辐射和导向作用提升社会文化品位和所处地方的文化品位方面也具有重要作用。

二、有利于人才的培养

高校校园文化建设的一个重要核心就是要以习近平新时代中国特色社会主义思想为指导，通过思想政治教育来强化对大学生的爱国主义教育、文明诚信教育、集体主义教育，逐渐帮助大学生树立正确的人生观、价值观，提升大学生的综合素质，促进大学生成为对国家的富强兴盛与社会的发展进步有所作为的人才，以实现大学生和社会的共同进步。

大学生的价值取向决定了未来整个社会的价值取向，而大学生正处在价值观形成和确立的关键期，因此抓好这一时期的价值观养成有助于提升大学生的道德认知，帮助他们扣好人生的“第一粒扣子”。高校校园文化建设作为宣传和落实人才培养目标的有力载体和重要途径，既能影响大学生的思维方式，又能培养其良好的人文素养、审美情趣、专业技能及科学精神。同时，高校校园文化建设必须以思想政治教育作为主导，要按照思想政治教育各个时期不同的主题来开展相应的校园文化活动，要用最先进的思想来开发大学生的智能潜力，启迪大学生的思想，并坚持以学生为中心的原则，促进每一名大学生健全人格的培养。高校校园文化活动的开展要有针对性地突出理想、道德等理念的宣传传播，使广大高校师生在参与校园文化建设的过程中，感受到这种文化氛围，从而有效接受教育理念的熏陶。可以说，作为培养社会主义合格接班人的内在动力，积极向上的高校校园文化所散发出的独特魅力，会对大学生的政治思想、道德品质以及行为规范产生持久而深远的影响。

三、有利于思想政治教育的发展

（一）有利于大学生思想政治教育适应环境的变化

目前，我国处于深化改革的转型期，由于受到经济全球化、西方多元文化等因素的影响，传统的思想道德教育的地位受到挑战。与此同时，网络载体和大众传媒在思想阵地的渗透也逐渐影响人们的思维方式。在这种社会变化发展的复杂大环境中，正处在思想活跃期的大学生，其人生观、价值观、道德观也受到了巨大的影响。

针对大学生群体不愿接受说教、约束和主体意识增强等特性，要不断创新和改革大学生思想政治教育工作，给予大学生切实的引导和帮助。但思想政治教育的特殊性和大学生思想的活跃性决定了仅仅依靠课堂教育来提高大学生的思想政治素质是远远不够的。相比较而言，独具个性又积极健康、乐观向上的高校校园文化氛围可以帮助大学生完善人格，于潜移默化中提升他们的道德素养，从而有助于他们的成长和成才。因此，对于高校校园文化建设要给予科学、正确的引领，从文化源头上引导大学生树立积极、健康的价值取向，逐渐培养大学生正确的价值观，同时充分借助高校校园文化的有效建设，将思想政治教育的内容融入其中，在潜移默化中对大学生的人生观、价值观产生深远影响。健康向上、丰富多彩的高校校园文化对于大学生良好品行的形成、道德水平的提高、文化素养的积淀具有无形的积极促进作用。

（二）有利于高校思想政治教育开辟新的途径

高校校园文化在建设过程中，为高校思想政治教育开辟了新途径。在高校对大学生群体进行思想教育的过程中，通过融入校园文化建设的方式，将会赋予高校思想政治教育崭新的形式和内容。①

高校通过组织形式多样、丰富多彩的校园文化活动及大学生社团活动等，

① 李昀．郑州市高校思想政治教育与校园文化建设研究[J]．智库时代，2021（3）：158-159.

在校园文化活动中渗透思想教育的内容和形式，在日积月累、潜移默化的文化氛围中使大学生逐渐提高思想觉悟，从而激发大学生学习的主动性，促进大学生身心的健康发展。通过将专业知识与丰富多彩的高校校园文化活动相融合，寓思想道德教育于专业教学之中，并使之经常化、具体化，从而提高大学生的文化专业水平与思想道德水平。

另外，可以通过高校校园文化建设中的课外实践活动来不断加强对高校师生的理想教育、爱岗敬业教育、人生观价值观教育及文化素养教育，以启迪教师在工作中踏实勤奋，学术上锐意创新，活动中积极热情，从而取得更为优秀的高校校园文化建设成果。

同时，高校校园文化活动中的一些专题讲座、读书竞赛、纪念活动等都具有一定的思想性，可以有效地净化大学生的心灵，丰富大学生的课外阅读知识，激发大学生的爱国主义热情。

四、有利于凝练高校校园的精神

高校校园文化建设对于高校自身的发展具有积极的促进作用。一方面，高校校园文化建设水平的高低可以体现一所高校整体的办学实力的强弱和文化底蕴的深浅。另一方面，在当前国内各高校入学率、学校综合排名竞争日趋激烈的背景下，个性鲜明、积极健康又独具魅力的高校校园文化无疑是高校不断创新发展的源泉与动力，同时也是高校提升自身整体形象的新增长点。作为高校的一种隐形资源，高校校园文化同高校传统的教学质量、师资力量、科研设备及办学规模等相比，形式更为隐秘，不仅可以强化高校办学理念，打造优秀独特的教育品牌，还可以巩固科学文化传播的成果，提升思想政治的教学质量。

高校校园文化中的校园精神作为一种深层次文化，是高校校园文化的灵魂和核心。因此，在加强高校校园文化建设的同时，更要注重凝练高校的校园精神，通过文化建设活动的有效开展展现校园精神具有的独特精神魅力、凝聚力和震慑力。

总而言之，建设高校校园文化可以强化高校的办学理念，促进教学水平和管理水平的显著提高、师资力量的有效整合，并有助于高校打造特有的校园精神，最终促进高校各项事业的健康发展。

第三节　高校校园文化建设的原则

一、方向性原则

高校校园文化建设要积极倡导社会主义、爱国主义和集体主义，努力培养广大师生的民族自尊心、自信心和自强不息的精神，始终做到以科学的理论武装人、以正确的舆论引导人、以优秀的文化感染人、以优美的环境熏陶人。

坚持高校校园文化建设的方向性原则，必须做到三个坚持。

第一，要坚持以社会主义核心价值观引领高校校园文化建设，因为坚持用社会主义核心价值观引领高校校园文化建设是高校校园文化发展的根本。高校校园是各种社会思潮共存的地方，这些思潮在校园里传播并相互激荡，如果不加以引导，任其发展，就会使高校教育偏离社会主义方向。因此，坚持用社会主义核心价值观引领高校校园文化建设，占领高校校园文化阵地，有助于高校校园文化建设在复杂的社会文化背景下坚持社会主义前进方向，有助于广大师生在任何时候都能保持清醒的头脑、明辨是非，并最终形成一个繁荣、和谐、积极向上的高校校园文化氛围。同时，坚持以党建引领高校校园文化建设，是高校培养社会主义事业建设者和接班人在思想上的保证。当前，社会复杂多变，多元思想文化相互影响，这一切都会对当代大学生的价值和观念产生重大影响。如果不坚持党建在高校校园文化建设中的指导作用，部分大学生就难免会疑惑、误解，甚至迷失前进的方向。所以，坚持用党建引领高校校园文化建设，最大限度地调动各方面的积极因素，是正本清源、创建和谐高校校园的思想保证。

第二，要坚持在高校校园文化建设中全面贯彻落实党的教育方针。我国高校肩负着培养社会主义建设者和接班人的重要任务，因此，高校校园文化建设必须全面贯彻党的教育方针，坚持不懈地用先进文化引导和帮助广大师生学习科学文化，进行科学研究，把广大青年大学生培养成为德、智、体、美、劳全面发展的社会主义建设者和接班人。

第三，要坚持以文化传承创新为己任。高校本身就是一个校园文化机构，肩负着传承民族优秀文化和本校传统文化的使命。中华传统文化博大精深，尤其是儒、释、道、法、墨等传统文化中的精华，对中华民族的发展与进步有着深远的影响。因此，文化传承创新，也是高校的重大使命和重要职能。

方向性原则是高校校园文化建设的根本性原则，决定了我国社会主义高校校园文化建设的根本方向和基本性质，是党和国家对我国高校校园文化建设的最基本的要求，对我国高校校园文化建设具有十分重要的指导意义。

二、系统性原则

高校校园文化建设是一项庞大的系统工程，涉及高校文化所覆盖的方方面面，而且根据不同的划分标准，会有不同的子系统。例如，以文化形态为划分标准，可以把高校校园文化划分为校园物质文化、校园制度文化和校园精神文化。因此，在高校校园文化大系统内就有高校校园物质文化系统、高校校园制度文化系统和高校校园精神文化系统三个子系统。这三个子系统又可以进一步划分，高校校园物质文化系统可以划分为高校校园物质文化环境系统、高校校园文化活动系统等，高校校园制度文化系统可以划分为高校工作制度文化系统、高校责任制度文化系统、高校特殊制度文化系统等，高校校园精神文化系统可以划分为高校理念系统、高校精神系统、高校历史传统系统、高校校风系统等子系统。因此，从系统的角度看，每一所高校校园文化都是一个复杂的大系统，由若干个子系统组成，而且每个子系统可以层层划分，形成系统的网络。高校各职能部门、二级学院以及组织形式、管理人员、环境文化等都是高校校园文化系统的诸要素。而校园文化系统的诸要素是否协调和统一，又是校园文化系统整体作用能否充分发挥的关键。加强高校校园文化建设，必须使高校校园文化在物质文化、制度文化和精神文化三个方面都得到均衡发展，只有这样才能发挥高校校园文化的整体优势，从而促进青年大学生的全面成长与发展。这就要求各高校都必须进行整体规划设计，纳入学校总体发展战略，使高校校园文化建设有目的、有计划、有组织地展开。同时要求各高校党政工团各个部门要齐心协力，齐抓共管，把高校校园文化建设推向新的发展阶段。

三、连续性原则

文化对人的熏陶是一个长期的、潜移默化的过程。由于高校校园文化影响和制约大学生的行为方式和行为方向，因此要重视长期的过程，不能搞临时的、短期的行为，而要把它当作经常性的任务来抓；也不能只把它当作学习之余的一种调剂，而要把它提高到造就人的高度来认识。每一所高校校园文化的形成都不是一蹴而就的，都是学校在发展的历史进程中不断积累积淀的结果。因此，要充分认识学校自身的历史，继承其文化传统，使高校校园文化在办学理念、大学精神、工作作风上与学校历史发展有一个恰当的承接。有条件的高校还应设立专门的机构来整理校史，保存管理历史档案。

在高校校园文化建设过程中坚持连续性原则，就要求高校在文化建设的方针、政策和思路上要有一个连续性。高校校园文化建设，特别是高校校园精神文化的培育，如大学精神的形成，是一个长期、漫长、困难、复杂的过程，只有一代代学校的领导、教师、青年大学生前赴后继地不懈努力，长期坚持，才能定型、固化，再进行传承。否则，高校校园文化建设就将是一句空话，难以有大的发展。

连续性原则还要求高校校园文化建设要正确对待祖国的传统文化。中华民族传统文化博大精深，其优秀的成分是中华民族取之不尽、用之不竭的力量源泉。在传统文化的创新方面，高校师生肩负着解释、审视、阐述传统文化的重任，成为传统文化现代化、延续发展的重要群体。这就要求高校校园文化建设必须把对传统文化的继承和创新纳入其中，并作为重要的内容。

四、开放性和批判性相结合原则

一个国家需要用海纳百川的精神吸收世界和民族的文化精华，高校亦是如此，只有用开放包容的心态去积极吸收其他高校、社会和世界的优秀文化养分，才能充满源源不断的生命力与活力。高校校园文化是一种开放性文化，它通过传授知识、发展科学而接触古今中外的各种文化，它必然要对古往今来的社会价值观念、知识体系、道德标准、行为模式进行批判性地继承，有选择地吸收，从而形成自己特有的文化体系。因此，高校校园文化建设需要以开放的姿态去迎接和选择具有普适性的文化因素。同时，社会文化、世界文化鱼龙混杂、良莠不齐。高校只有在开放中保持批判的态度，才能创造出更好的文化活动。

实践证明，一切先进文化都无法脱离民族优秀传统文化而单独存在，否则就如树木失去根基，河流失去源泉。因此，高校校园文化建设必定要包含并体现出民族传统文化与精神，深入挖掘中华民族传统文化，寻找优秀的传统文化资源，并在文化活动中大力继承与弘扬。不同高校在历史发展中形成了独特的校园精神与文化氛围，并体现在不同的校园文化建设活动之中。充满理性和批判是高校的内在特性，在文化多元化的今天，高校需要坚持什么、反对什么、吸收什么、抵制什么都应该要有明智的选择和坚定的决心。高校校园文化建设需要综合考虑大学生与自身的情况，对外来文化保持批判的态度，这种批判并不是一味地否定与驳斥，而是用一种理性的目光去审视与考察，做到不偏不倚且独树一帜。因此，高校校园文化建设应该坚持开放性与批判性相结合原则，既有历史积淀的厚重感，又有个体创新的独特性，既能发扬传统优秀文化，又能创造时代崭新精神。

五、普遍性和特殊性相结合原则

任何事物都是矛盾的统一体，事事有矛盾，时时有矛盾，这就是矛盾具有的普遍性（即共性）。同时，不同事物具有不同矛盾，不同矛盾具有不同方面，这是矛盾的特殊性（即个性）。共性寓于个性之中并通过个性表现出来，共性与个性是相互对立统一的。高校校园文化属于社会文化的有机组成部分，因此，高校校园文化既要遵循文化发展的普遍规律，又要坚持从实际出发，即坚持普遍性与特殊性相结合的原则。

首先，高校作为一定社会与时代背景下的组织，必定吸收了来自社会的主流文化，并与时代主流思想保持一致。经济基础决定上层建筑，高校校园文化建设受制于社会经济的发展水平，体现时代特征和社会特点。同时，高校校园文化建设还受制于政治理念、教育方针和社会思潮，这种普遍性要求高校校园文化建设站在人类文化发展的高度开展实施。

其次，高校校园文化活动还应该坚持特殊性。在竞争激烈的今天，一所高校要想脱颖而出，就要发展特色，找准优势，在共性中找到个性，形成具有自身特色的文化属性。

因此，高校校园文化建设要在保持与社会主流文化方向基本一致的基础上，找准自身优势，结合学校的校风、学风，发挥专业学科优势，传承自身悠久的文化历史传统，避免落入窠臼，盲目跟风。换言之，高校校园文化建设既要遵循文化的普遍规律和办学的基本方向，通过形式多样的校园文化活动全面推动校园各个领域与层次的建设，同时又要立足自身实际，凝练特色，彰显个性，实现普遍性与统一性的辩证统一，提高高校校园文化建设的特性。①

六、继承性和创新性相结合原则

高校校园文化建设存在着继承与创新的关系，其中继承是基础，创新是动力。高校校园文化建设既要继承校园精神底蕴，发扬地域文化特色，弘扬中华民族传统文化，又要与时俱进，不断创新，形成新观念、发展新内容、创造新形式。

思想是行动的先导，不论在任何时代，文化建设都需要以最本质、最核心的精神为依托，高校校园文化建设也必定需要依托一定的精神文化。这就需要高校校园文化建设坚持继承性与创新性相结合原则。另外，高校作为高等教育的重要载体，因自诞生之日起就被赋予了文化启蒙、创新、传承和引领的作用，故必须在教育的过程中实现传统与现代、本土与外来的文化资源的结合。

首先，校园精神是高校校园文化的灵魂，它赋予学校生命、活力，反映学校的历史面貌、精神意志和风尚风气，是经过一代又一代的师生在追寻理想与信念、探索与求知的过程中积淀下来的稳定校园气质。不同高校因其不同的发展理念与制度文化会形成不同校园精神，但总的来说，校园精神都是高校校园文化建设的重要指引，高校必须在建设中抓住校园精神的根，才能凸显校园特色。

其次，我国幅员辽阔，地域分布广，经过历史的演变，不同地域形成了鲜明的地域文化。高校总是需要扎根在一定的土壤之上，那么地域文化也是高校校园文化建设扎根的地方。在建设高校校园文化过程中，应适当结合当地风土人情，深入挖掘地域文化特色，继承地域文化传统，从而拓宽高校校园文化建

① 王薇．高校学风建设体系机制与培育路径研究——评《高校学风建设与校园文化融合发展研究》[J]．科技管理研究，2023，43（9）：224.

设的渠道，增强高校校园与地方的紧密联结。

再次，高校是高深文化生存和发展的土壤，人类千百年来积淀的文化，特别是高深文化的命脉，其传承与延续都必须借助于高校，因此高校校园文化建设要始终坚持弘扬中华民族传统文化。

最后，创新是校园文化建设的动力。一是需要不断形成新观念。高校校园文化建设总是在一定的时代背景下开展的，不同历史阶段有着不同的历史使命，如自改革开放以来，高校承担了不同的历史使命，包括为社会主义市场经济培养人才、积极实施科教文卫战略、实现中华民族伟大复兴等，因此高校校园文化建设也应该坚持与时俱进的原则，以时代精神作为建设的出发点和落脚点。二是需要发展新内容。随着校园文化活动的不断开展，高校校园文化建设也应该丰富建设内容，根据时代主题的变化、社会政治方向的要求，开展丰富多彩的校园文化活动，从而促进大学生综合素质的全面提高，以使其适应不断变化的社会要求。三是需要不断创新高校校园文化形式。随着科学技术的不断发展，社会不断涌现新事物、新科技，传播手段、话语体系以及活动载体皆出现了新的形式，因此，高校校园文化建设要实时掌握大学生的兴趣动向、文化潮流，以大学生喜闻乐见的形式来增强校园文化吸引力，让尽可能多的大学生都参与校园文化活动中，这在一定程度上可以看作校园文化建设前瞻性和先行性的表现。

第二章

高校校园精神文化建设

第一节　高校校园精神文化的内涵与特征

高校校园精神文化是一所高校本质、个性、精神面貌的集中反映，是校园文化的最高层次。它通过各种载体和多种形式所倡导的价值观念、道德规范和行为准则，以启迪、熏陶、感化和塑造等方式潜移默化地引导和规范学生的思想行为，以帮助他们树立坚定的共产主义理想和信念，树立科学的世界观和正确的人生观、价值观，养成良好的道德品质和文明行为，在学生中形成爱国、爱党、爱校的校园精神文化氛围。①

一、高校校园精神文化的内涵

校园精神文化是在特定历史条件下，在长期的教学、工作和生活等多方面的实践中逐步形成和发展起来的，为师生所认同的一种群体意识。它包括学校的办学思想、发展目标、价值观念、道德规范、学术风气、治学风格以及学校的传统作风等。积极进取、健康向上的校园精神文化，是规范和指导教师及学生思想行为的无形力量，同时又对提高全体成员的道德素质，激励师生员工肩负起热爱学校、建设学校的责任感以及调动全体师生勤奋学习、努力工作的积极性、创造性，有着不可替代的重要作用。因此，在校园文化建设中，应以校

① 陶元．文化自信引领高校校园文化建设研究[M]．北京：中国原子能出版社，2020：137.

园精神文化的塑造为重点，着力建设具有鲜明时代特征和学校特色的校园精神文化，使其成为激励师生员工奋发进取的群体意识。所以，高校校园精神文化主要是指高校的历史和传统精神，是高校在长期的校园物质文化、制度文化创造过程中积淀、整合和提炼出来的。它是由高校的地域、民族、职业、历史文化的影响和知名学者（包括教师、学生、校友）的品格、气质、生命力和创造力共同孕育的。高校校园精神文化的内涵应包括以下几个方面。

高校校园精神文化是一种历史和传统文化。无论建校时间长短，每一所学校都有自己的发展历史，都有自己的特点。所谓的校园精神文化的建设，就是创建有自身特色的学校，紧跟先进文化发展的潮流，着眼于社会需求，发挥学校的传统与优势，发掘学校的潜力，发挥学校的特长，把学校办得与众不同。

高校校园精神文化是一种民族文化。作为一种行为模式（包括制度、规范、认知模式、情感模式、心理模式、审美模式等）的民族文化，调节着民族群体与生存环境、民族社会群体内部、民族个体与社会等多重的关系，并塑造着民族社会的理想人格，为个体提供归属感、幸福感和心理上的依托。同时，民族文化的这些价值和内在意义又常常被符号化、系统化，以象征的方式表现出来，这就使民族文化涂上了五彩缤纷的颜色并具有了鲜明耀眼的个性特征，而且在某种程度上决定着一个民族的世界观。

高校校园精神文化是一种地域文化。一方水土孕育一方文化，一方文化影响、造就一方社会。不同社会结构和发展水平的地域自然环境、民俗风情习惯、政治经济情况孕育了不同特质、各具特色的地域文化。诸如齐鲁文化、秦文化、蜀文化、巴文化、徽文化等不同个性特质、各具鲜明特色的地域文化，代表了不同地区的优秀文化传承。

高校校园精神文化是一种职业文化。高等教育在一定意义上是一种职业教育。校园精神文化建设要以实现培养目标为目的，以培养学生职业能力与职业素质为主。加强学生的职业素质养成教育，要不断提高学生的职业能力和职业素质，培养学生的创新意识。要注意吸收职业文化与职业精神。校园内的各种基础设施、校园环境、校内外实习实训基地建设都应渗透职业文化与职业精神，使学生步入社会后能较快地适应实际工作岗位。

二、高校校园精神文化的特征

（一）继承性

校园精神文化是高校在经历几十年甚至上百年的传承和发展之后，积累和形成的宝贵精神财富，这种精神文化一直引导着高校的教学方向。很多历史悠久的高等学府都有自己标志性的校园精神文化。

（二）时代性

作为文化中心的高校所构建的校园精神文化，要与我国在当前提出的建设民族的、大众的文化基本纲领协调一致，要为实现这一奋斗目标提供精神动力、智力支持和良好的人文生态环境。因此，当代高校的校园精神文化既不单纯是传统文化的人文精神，也不单纯是工业社会的人本精神。校园精神文化既要能继承传统，又要能发展创新，与时俱进；既要具有中国特色，又要能吸收国外先进文化的精华。

（三）独特性

高校的精神文化与其他社会组织的精神文化不同，具有自己独特的内容。企业、政府等社会组织的精神文化主要是创新发展和遵纪守法，而高校作为学习文化的单位，其精神文化主要体现在校风和学风等方面，每所高校都具有自己独特的校风和学风。

（四）创新性

创新是民族进步发展的源泉，是国家兴旺发达的动力。高校校园精神文化的精髓也是创新，所以各个高校应该把培养和发展创新精神作为自己的教育目标。第一，校园精神文化的发展需要不断地创新；第二，为了适应时代的发展，高校要重视创新型人才的培养，在进行精神文化建设时，尤其要注意创新思维的培养，以创新精神熏陶和激发大学生的创新意识，不断加强大学生的创新实践能力。

三、高校校园精神文化的地位与价值

（一）校园精神文化是高校得以发展和传承的根本动力

一所好的学校，不单单要看它的成绩排名和升学指标，还要看它的校风、它的文化、它的精神。校园精神教给学生们做人的道理，让学生们拥有健康的人格，是学生们人生道路的指明灯，也是师生都认可的价值文化。一些高校用校歌、校训、校风、教学理念等形式表达校园精神文化。一些高校的校园精神文化也是非常具有特色的，主要是以正确的世界观、人生观、价值观来辅助学校的教学理念、办学宗旨，同样体现在校风、校训上，让教师和学生们真正理解校园精神文化就是对学校教学价值的真正体现。

（二）校园精神文化是高校得以发展的重要文化内核

如果一味地比拼学生的成绩和教师的教学水平，那么只会教出没有创新能力的学生。教师们形式化地教学，学生们机械化地学习，循环往复，形成恶性循环。一所真正让人心生向往的高校，不应该只拥有现代化教学设施和硬件条件，还要拥有是非分明的价值观和海纳百川的心胸，这样培养的人才才能塑造坚强的人格和正确的价值观念。校园精神文化主要可以分为以下四种类型：智能型知识文化、素质型心理文化、情感型审美文化、意识型观念文化。与其他校园文化形态相比，校园精神文化具有非常独特的特点，主要表现在三个方面：沉积性、渗透性、持久性。校园精神文化不是短时间内就能形成的，它需要很多年的沉淀和积累，这就需要教师和学生们共同的努力。校园精神文化具有很强的渗透性，一旦形成，就不会轻易被替代，学生和教师们都会自觉地认可这种价值观。校园精神文化一旦形成，就会旷日持久，因为它是真正对师生有益的，对师生有益的事情不会被师生所遗弃，它只会朝着更高的高度发展。

第二节 高校校园精神文化建设的管理分析

一、高校校园精神文化建设的重要作用及意义

高校校园精神文化的建设工作对整个校园文化建设的开展具有极其重要的作用。高校校园文化的建设只有以校园精神文化为价值导向，才能保证不偏离整个校园文化发展的方向，两者朝着一个方向发展，才能提高建设工作的效率，才能取得良好的效果。[①]

（一）大学精神推动校园文化建设

校园文化是大学精神的载体，大学精神的塑造和发扬应与高校校园文化的建设同步进行。需要注意的是，校园文化不仅包括物质文化，还包括制度文化和观念文化，而且制度文化和观念文化在某种程度上比物质文化（校园环境建设）更为重要。很多高校只重视校园环境——硬件方面的建设，而相对忽视校园制度文化和观念文化——软件方面的建设。因为校园环境的改善是看得见的，而制度文化和观念文化的建设不能很快收到成效。这种短视行为，使高校校园文化中制度文化和观念文化成为“软肋”，带来了不少显而易见的不良现象。因此，校园文化要通过对大学生德、智、体、美、劳诸方面的全面培养，使其形成健全的人格，把体现大学精神的科学态度、文明风范、价值观念等带到社会，影响和感染其他人。

一是弘扬优良传统，实现文化引领，在大学精神的传承与创新中推进高校校园文化建设。大学精神既是高校历史文化的积淀，又是时代精神的升华。作为对中华民族传统历史文化的一种传承和发展，我国许多高校的大学精神均融合了中华民族优秀文化，成为这些高校生生不息、永葆活力的宝贵精神财富。同时，大学精神也与高校自身发展的历史传统息息相关。大学精神既要植根于

① 吴建华．从金鸡到凤凰——校园文化建设促进学校高质量发展的探索[J]．广东教育（综合版），2023（8）：65.

历史传统，也要立足于当代，与以改革创新为核心的时代精神相契合。总之，大学精神的传承精神和创新精神为高校实现文化引领、推进校园文化建设奠定了深厚的文化根基，提供了源源不竭的精神动力。

二是凸显人文关怀，在人文精神与科学精神的交融中推进高校校园文化建设。在高校，大学生既是大学精神的创新和培育主体，也是校园文化的建设主体。在高校校园文化的建设中，必须坚持以学生为中心，凸显人文关怀，大力弘扬和培育人文精神、科学精神。在实践中，既要把教育人、引导人、鼓舞人与尊重人、理解人、关心人结合起来，把人文关怀送到校园的每个角落，又要在高校校园内营造一种追求真知、崇尚科学的气氛。这样，才能不断提高大学生自身的人文素质和科学素质，并充分发挥其在建设校园文化中的主体作用。

三是秉承公正，兼容并蓄，在批判精神和包容精神的交相辉映中推进高校校园文化建设。批判精神是大学精神所固有的精神，作为学术研究和文化创新的重要基地，高校只有秉承公正的态度，对各种学术观点和文化理念做出公正客观的价值评价，才能真正发挥其对学术和文化发展的引领功能。包容精神是一种兼容并蓄的开放精神，是一所高校谋求高端发展的生存之道、生命之源。在高校，坚持包容精神，就是要依据社会主义文化发展的基本要求，树立多样共生的意识，从不同学术和思想文化的争鸣、比较中汲取养分，求同存异、和合共存。唯此，高校才能成为新知识、新思想产生的摇篮和基地。

校园精神文化是校园文化的核心和灵魂，它集中反映了一个学校的特殊本质、个性及精神面貌，体现了学校的办学宗旨、培养目标及其独特风格，是文化的最深层的东西。加强学校的精神文化建设对学校理清办学思路、明确办学目标、促进学校管理、加强教师队伍建设、改善学生的精神面貌、全面推进素质教育和提高办学效益起着关键作用。只有优秀的精神文化才能孕育出优秀的学校教育。

校园精神文化是师生员工精神的避风港和养分的补给站。它虽然看不见、摸不着，但是它一旦形成，就建立起自身的行为准则、价值取向、生活习惯和规范体系。它可以通过各种文化仪式来引导群体成员的行为、心理，使其在潜移默化中接受共同的思想引导、情感熏陶、意志磨炼和人格塑造，产生一种巨大的向心力和凝聚力。它对学校师生员工的思想和行为有着一定的约束作用，使他们自觉地正视道德冲突，解决道德困惑，明辨是非正误。它的形成、传播和发展，充满着创造活力和创新精神，能激励学生探索奥秘、努力学习的自觉性和主动性，促进大学生创新能力的提高。

校园精神文化，是反映一所高校在长期的办学历程中所形成的理想、信念、情操、价值取向和道德水平，以及逐步形成的传统、风格和特色等具有鲜明个性特征的校园文化形态。它是为广大师生所认可的一种积极的思想成果和精神力量，是学校宝贵的精神财富，是校园文化的核心。高校是认识未知世界、探究客观真理、为人类解决面临的重大课题提供科学依据的前沿阵地，是知识创新、推动科学技术成果向现实生产力转化的重要力量。为此，高校必须弘扬求真务实、严谨创新、追求卓越、艰苦奋斗的科学精神，并保持高校师生的学术良知和人文情怀。

（二）精神文化建设是高校文化建设的灵魂

高校历来是继承、传播、创造先进文化的重要基地，同时也是各种意识形态交汇激荡的重要场所。因此，高校在发展过程中必须加强精神文化建设。既要教学生做事，又要教学生做人；在注重科学技术教育的同时，重视精神文化教育，这才是以人为本的教育。我国高校肩负着为社会主义现代化建设事业培养“有理想、有本领、有担当”的新时代青年的重任，是精神文明建设的重要基地，对文化的发展具有继承、吸收、创造、传播的功能。

首先，高校通过系统持久、有选择、大规模的教学活动，把民族优秀传统文化一代一代地传播下去，让文明之光生生不息。其次，高校在继承本民族优秀传统文化的同时，要善于吸收、借鉴世界各民族的优秀文化，在中外文化的融合碰撞中，根据时代的需要，努力创造出新的文化成果，不断把优秀的中国文化推向世界。最后，高校在培养人才的过程中要注重先进文化建设。先进文化是在培养专门人才的过程中创造出来的，专门人才又是先进文化所熏陶哺育出来的。高校精神文化就是要准确地反映中华民族在各个历史时期及发展过程中的基本要求和愿望，准确体现中华民族的优秀传统文化，并昭示和预见中华民族发展的正确方向。

高校精神文化在体现学校的精神风貌、文化特色、发展方向的同时，还包含了社会主义精神文明和政治文明。它对帮助大学生反对个人主义、拜金主义、享乐主义，抵制封建主义残余的影响和资本主义腐朽思想的侵蚀，不断提高爱国主义、集体主义、社会主义的思想觉悟，发扬自尊、自信、自强的民族精神和艰苦奋斗的传统，努力树立正确的世界观、人生观、价值观，成为有理想、有本领、有担当的社会主义建设者和接班人，对实现我国社会主义现代化和中华民族的全面振兴，有着不可估量的巨大作用和极其深远的意义。

首先，学校要建设规范化的教学设施，教学设施作为硬件系统，是校园文化建设的保障，学校通过对校园合理布局、建筑物装饰、名人塑像和绿化美化等景观建设，为学校发展提供优美的物质环境。其次，还要赋予各种硬件以文化内涵，比如饱含历史和精神文化、人文理念的“北大红楼”，虽然很简朴，但经历过无数的风风雨雨，当师生站在其面前时，历史、文化气息扑面而来。学校可对教学设施进行文化定位，对教学楼、体育馆等进行主题命名，点明今后教育内容和发展方向。在日常工作中，学校可对硬件环境进行文化打磨，增加文化底蕴，实现硬环境的人文化，提高其育人功效，最终实现优雅的育人环境与充满文化内涵的教学设施充分结合，全面发挥环境在塑造和熏陶学生中的作用，做到环境影响人的发展，为学校文化发展提供动力。

总之，校园精神文化建设是学校文化建设的灵魂，学校要确定办学理念，为校园精神文化发展提供理论基础；既要继承优良传统，又要敢于创新，并从培养人才的角度出发，实现师生共同发展。

二、高校校园精神文化建设管理分析

（一）高校价值观分析

高校价值观是指广大师生在长期的教学过程中逐渐形成的一种价值取向和思想理念，是全体师生或大多数师生对高校意义的共同判断，也是校园精神文化的基础和标准。

从高校价值观主体的范围来看，高校价值观大致可以分为三类。

1. 高校个体价值观

高校个体价值观是全体教职工和学生在教育教学实践过程中形成的各种价值观。高校个体价值观包括每个人对工作和学习的目的、生活的意义、自己与他人的关系、自己与社会的关系、自己与高校的关系的看法。

2. 高校群体价值观

高校群体价值观是指各种正式组织和非正式组织所持有的价值观，包括党支部、学生会、共青团等。作为高校的管理人员，他们应该充分意识到这些非正式群体的作用，注意处理这些正式组织和非正式组织之间的相互关系，创建一个良好的氛围，共同努力，进而提高高校教学质量。

3. 高校整体价值观

高校整体价值观是在对高校周边环境的整体认识基础上形成的高校整体发展目标，是所有师生、工作人员都能认同的价值观。它对高校的各种群体价值观和个体价值观进行了管理和制约。随着经济全球化的到来，西方的各种新潮思想陆续涌入高校校园，其中一些不良行为和现象严重影响了大学生的价值取向、理想信念等，不利于大学生的健康成长。

（二）高校办学理念分析

办学理念是校园精神和校园文化的重要组成部分，对整个高校的发展具有指导性的作用。随着互联网的高速发展，信息化发展十分迅速，文化交流十分方便，各高校要寻找机会多学习国内外高校先进的办学理念，再结合自身的特点，进行创新和改革，进而摸索出适合自身发展的办学理念。

（三）大学精神分析

大学精神是高校在办学历史过程中形成的具有特色的、稳定的并为广大师生所认同和坚守的理想、信念、价值观和行为准则，是高校的历史积淀和文化升华，是一所高校的灵魂和旗帜，是推动高校发展的内在动力和精神支撑。大学精神渗透在高校的各个领域，具有导向和规范、凝聚和激励、熏陶和感染作用。它能产生伟大的精神力量、深刻的道德力量和巨大的感召力量，有利于培养广大师生积极的人生态度、鲜明的价值判断和丰富完善的思想体系。从最普遍的意义上讲，大学精神包括人文精神、科学精神、独立精神、自由精神、批判精神和创新精神等几个方面。

1. 人文精神

人文精神有广义和狭义之分。从广义上来说，人文精神是指在整个人类文化之中所体现出的最根本的精神，或者我们可以说它是整个人类文化生活的内在灵魂。它是以追求真、善、美等价值理想为核心，以追求人的自由和全面发展为终极目的的。从狭义上来说，人文精神专指从各门人文学科中抽取出来的有关人文的共同追求，即对人生意义的追求。狭义的人文精神主要指的是在处理人与人、人与社会、人与自然、人与自身关系时的价值观以及建立在这种价值观基础上的行为规范。具体地说，高校的人文精神主要包括以下几个方面的内容：第一，高扬人的价值，追求人自身的完善和理想的实现；第二，具有强烈的社会责任感、历史使命感以及永恒的道德精神；第三，谋求个性解放和永恒的道德品质，并建立自由、平等、和谐的人际关系，倡导人与自然的和谐发展。从价值观的角度看，人文精神就是一种着重强调人的价值和需要，注重人的全面发展，完善人的思想态度和价值信念，做人所必须具备的基本态度和基本品质。人文精神强调的是尊重人的价值，正确审视人的本质，重视积累人类的各种先进文化，以此来塑造人类美好的精神家园，同时强调要依靠调动人的主观能动性来推动社会的发展和进步。这种观念讲求人们生活的人文效益、生产出产品的文化含量，重视人们生活环境中文化氛围的作用，重视人的情感和觉悟的作用，以及为了有效地教化和组织管理人群，希望能够充分发挥人的主观能动性。

2. 科学精神

自19世纪中叶以来，科学主义逐渐地取代了人文主义，并且成为在高校中占据支配地位的知识价值观。从此，高校的科学精神越来越受重视，并成为大学精神的重要组成部分。然而，究竟什么是科学精神呢？所谓科学精神，就是指科学工作者们在科学研究和科学技术发展过程中所形成的人们共同遵守的价值准则和行为规范。科学精神主要包括两个方面的内容。第一，科学工作者们在从事科学研究时要遵守的一系列行为规范。例如，一些学者提出的普遍性、无私利性、公有性和有条理的怀疑论、客观性、实证性等。第二，科学工作者们从事科学研究过程中的价值追求。例如，有的科学工作者把真、善、美的高度统一作为他们在科学研究过程中的最高价值准则。科学研究是高校三大职能中的一个重要职能，高校就是人们开展科学研究、培养科技人才的重要基地。众多的科学家们在科学研究过程中所形成的价值准则和行为规范可以通过教育、感染并内化为一代代学者和学生的精神气质，最终形成他们内在的科学道德和科学良心。科学精神从本质上来说就是求真的精神，科学的目的就是要去伪存真。大学生是国家最宝贵的人才资源，是社会上各行各业不断向前发展的接班人和生力军。高校在培养他们具有一定人文素养的同时，也应该使他们具有较高的科学素养、严谨的科学态度、理性的科学精神、敏捷的科学思维，并且能够激发他们的创新热情，使他们能够为社会主义建设添砖加瓦。

3. 创新精神

创新是人的本性，人人都具有创新的潜能与倾向。人类因为对现实的不满足，想要创造出现实中所没有的事物，不断地去追求与建设理想中的世界。高校从产生之日起，就是探索、发现和传播新知识、新观念、新思想和新文化的场所。正是为了更好地探索新知和解决疑难问题，努力探索高深的学问，才有了最初意义上的高校，即“教师和学生共同探索学问的行会组织”。就连英国教育家纽曼（Neman）也同样认为高校是一切知识和科学、事实和原理、探索和发现、实验和思考的高级保护力量。

高校的创新精神，一是指向科学研究。高校可以通过鼓励创新，在实验的基础上取得大量开拓性的研究成果。我国的高校通过科学研究，培养了一大批的学者、发明家和科学家。二是指向社会发展。高校以新思想、新文化、新观念、新制度来改造社会，以此来推动社会的不断进步。尤其是今天，高校由社会的边缘逐渐成为社会的中心。三是指向人才培养。高校把培养具有开拓性、进取性和创新精神的人才作为自己最根本的任务，培养创新型人才是高校的根本目的。四是指向高校自身。一代又一代的高校人不断地根据社会经济发展需求和高校的办学理念来改造高校、发展高校，使高校成为时代精神的引领者。在知识创新和科技创新方面，高校拥有雄厚的物质、人才和技术等方面的资源。这些资源使得高校在知识的更新换代和科技创新中能够取得丰厚的成果，具有无可比拟的优势。

（四）高校校风、校训分析

1. 校风

校风是一所学校所特有的占主导地位的行为习惯和群体风尚，表现为一种独特的心理环境。校风是校园精神文化的重要组成部分。优良的校风不仅能够推动校园自由民主思想的深层发展，也能产生良好的心理效应，成为推动校园建设的重要动力。优良的校风具有“强制性”的感染力，可以令人时刻感受到一种无形的压力，使得很多不符合环境气氛要求的心理和行为受到压制，使得全体师生的集体感和荣誉感日益增强，形成集体成员协调的心理状态；优良的校风具有对学校成员内在动力的激发和引导作用，催人奋进。[①]以主体的不同来划分，校风可分为教风、学风和行政管理作风。

教风是一所学校的教职员工的精神风貌的反映，也是育人的环境氛围。教风是指教师集体表现出来的教育观念、品德修养、教学风貌、治学态度、科研意识和教书育人的作风。要想抓好校风建设，首先必须抓好教风建设，因为学校是育人的场所，也是人才的摇篮，而教师是人才的培养者，理应在教书育人的过程中发挥主力军的作用。优良的教风表现为教师应该坚持先进的教育思想和教育理念，关心学生，严谨治学，潜心执教，为人师表，精于育人。优良的教风一旦形成，会使教师集体的每一位成员都产生强烈的责任感和荣誉感，并能有效地推动整个教育教学质量的提高。

学风是指一所学校在长期的教育实践中形成的相对稳定的治学精神、治学态度、治学方法和治学原则，是学生群体的心理和行为在治学上的表现。换句话说，就是学习风气。它包括明确的学习目的、浓厚的学习兴趣、进取的学习精神、刻苦的学习态度、良好的学习习惯、优秀的学习方法、严明的学习纪律等。

行政管理作风是指整个学校的行政人员在日常管理工作中所表现出来的工作作风。它对教师的教风和学生的学风具有重要的影响，是校风建设的关键。学校管理层的各职能部门，与广大师生有着千丝万缕的联系，良好的管理作风对全校风气有着潜移默化的影响。高校应当从提高管理人员的管理素质着手，建立合理的管理机制，树立全校全员全方位全过程育人的观念。行政管理工作

① 胡海林，费芳．论高校校园文化建设对优良学风形成的影响[J]．岳阳职业技术学院学报，2022，37（6）：7-10.

虽说直接表现为对人、财、事的管理，但本质上就是对人的管理。高校的管理人员应该做到大度、尊重、宽容和多谋善断，在管理过程中要了解人才、团结人才、选拔人才，应当做到任人唯贤、以才授位，以求人尽其才；在处事中要办事公道、赏罚分明、作风民主、乐于奉献。

2. 校训

校训是学校根据自身特色确定的指导师生言行、促使师生形成正确价值观、人生观，并要求师生共同执行的基本行为准则。校训体现了学校对广大师生发展的理想追求，体现了学校的整体价值取向，反映了学校独特的个性和办学特色，也是高校文化的核心表征。从某种程度来说，校训就是一所高校的校风、学风和行政管理作风的总结和提炼，并与学校的传统、历史、民族文化传统和地域文化特色相结合，用紧凑流畅典雅的方式表达出来。比如清华大学的校训为“自强不息、厚德载物”；南开大学的校训为“允公允能，日新月异”；南京大学的校训为“诚朴雄伟，励学敦行”；武汉大学的校训为“自强弘毅，求是拓新”；云南大学的校训为“自尊、致知、正义、力行”；中山大学的校训为“博学、审问、慎思、明辨、笃行”；山东大学的校训为“学无止境，气有浩然”；南昌大学的校训为“格物致新，厚德泽人”；等等。这些校训都包括了中华民族优秀的传统文化和传统教育思想，讲究高校以育德为本，培养师生的公共精神和创新思维，使师生形成正确的人生观、价值观，并促进校园建设的可持续发展。

第三节　高校校园精神文化建设的实现路径

一、明确办学理念，建设特色校园精神文化

精神文化的建设在高校中发挥着重要的作用，它无形中对广大师生的行为和思想产生了影响，因此高校要重视校园精神文化建设。[①]但是每所高校的特

① 周洪武，王喜凤．如何以文化建设助推学校高质量发展——《教育家》杂志线上圆桌论坛实录[J]．教育家，2022（7）：44-47.

点不同，专攻的专业也不同，所以高校要根据自身的特征和类型建设独具特色的校园精神文化，这对于整所学校的发展来说是十分重要的。为了能够建立独具特色的校园精神文化，高校首先要明确学校的办学理念，然后据此制定学校的各种规章制度，使广大师生按照规章制度的要求约束自己的行为和思想，进而形成属于自己的校园精神文化。

办学理念是校园精神文化的核心部分，确立自己独特的办学理念是高校构建特色发展之路的重要途径，即要走特色发展的道路，首先就要确立自己的办学理念，在确立过程中尤其要注意以下三个方面的问题。

第一，高校在确立自己特色的办学理念时，一定要充分考虑到专业类型、发展历史、所处的地理位置等因素。按照专业类型，高校可以划分为研究型高校、教学型高校、技术型高校；按照学科类型，高校可以划分为文科院校、理科院校、工科院校。另外，高校校园精神文化的发展也受到地域文化的影响。例如，如果高校位于北京，校园精神文化的发展就会受到京味文化的影响；如果高校位于湖南，校园精神文化的发展就会受到湖湘文化的影响；如果高校位于湖北，校园精神文化的发展就会受到荆楚文化的影响。这种影响是经历了几十年的发展而形成的，所以高校在确立自己特色的办学理念时，不仅要从地域文化中吸取精华，也要考虑自身的特点。

第二，校长在高校校园精神文化建设中占有极其重要的地位。一位优秀的校长能带领高校一起发展进步。校长的眼界决定了高校的高度，校长的良好品质决定了高校的名誉，校长的知识决定了高校的专业性。所以说，作为高校发展总设计师的校长对学校发展起着至关重要的作用。世界上曾经出现过很多优秀的校长。例如，哈佛大学的校长埃利奥特（Eliot），他在哈佛执教四十余年，执教期间积极倡导选修制，被誉为哈佛大学的奠基者。另外，还有北京大学校长蔡元培、清华大学校长梅贻琦、浙江大学校长竺可桢、南开大学校长张伯苓等，正是他们谱写了所在高校的辉煌。由此可见，杰出的校长对高校的办学水平、办学特色、精神文化建设具有举足轻重的作用。

第三，结合社会发展的需求，与世界其他国家沟通，建立自己独具特色的办学理念。进入21世纪以来，市场经济高速发展，各个行业面临很多机遇和挑战，需求大量的创新型高科技人才。为了适应社会发展的需求，很多高校会与社会各个行业的企业进行沟通，找到企业的需求点，根据市场的变化来随时调整自己的办学理念，只有这样才能向社会源源不断地输入有用的人才。

第四，在经济全球化的背景下，高校要在发展过程中自觉地加快国际化进程，使得自身具备更加广阔的视野。在精神文化建设方面，高校要与世界文化加强交流，学习国外名校的先进办学经验，沟通融会，汲取其中的精华，创新自身的办学理念，为我国的社会主义现代化建设培育出一大批敢于攀登世界科技文化高峰的创新型人才。

二、高校校园精神文化的建设需要进行合理规划

校园精神文化建设工作是一项系统性的工程，要坚持整体性的原则，如果有任何一部分出现问题，都不可能实现校园精神文化建设。高校校园精神文化包含五部分内容：高校价值观、高校办学理念、大学精神、校风和校训、高校伦理观。这五部分结合在一起构成了校园精神文化，五者缺一不可，因此在进行校园精神文化建设时，就必须做到有序的整体建设。要实现高校校园精神文化建设整体化的目的，就必须对校园精神文化各层面的基本建设进行整体的、系统的合理规划。

对高校校园精神文化进行系统性的合理规划，首先，要对负责高校精神文化建设的领导进行培训，确保高校的领导能够清晰地知道要建设哪种类型的校园精神文化，是独具特色的还是选择建设综合性的校园精神文化，从而准确把握精神文化建设的方向。要想保证建设不偏离方向，高校首先要根据自身的特点，确立自己的办学理念、价值观、伦理观，尤其是塑造出本校的大学精神，然后以此为依据开展校园精神文化建设。校园精神文化建设能取得什么样的进展和成果，在很大程度上取决于高校管理阶层的合理设计。高校还必须在机构建设、人员选择和经费管理上给予校园精神文化建设以必要的支持，使得高校校园精神文化建设能够成为有本之木、有源之水。只有这样，高校校园精神文化建设才能够沿着正确的方向和道路健康发展。

同时，高校校园精神文化建设并不是仅仅靠一个人或几个人就能办好的，而是要靠每个人的参与才能完成。因此，要想更快地完成高校校园精神文化建设，全体师生要从自身做起，在教育教学、管理等工作过程中积极想办法推进建设步伐。高校应该制定出各种章程规定，清楚地说明每个人的职责、任务和

考核办法，全体师生都应遵守这些规定，在校园中形成良好的精神文化氛围和合理的工作格局。另外，要建立健全校园精神文化建设的组织机构，分为领导组织机构和学生组织机构，领导组织机构的主要成员包括党委、团委、学生处等，学生组织的主要成员包括各种学生社团。

高校要进行校园精神文化建设，重点做好以下三方面的工作。

第一，要培养一批具有高尚道德情操、较高政治觉悟、熟悉国家相关政策的管理者。这些管理者还要具有过硬的专业知识、丰富的教育教学实践经验，通晓教育教学的有关规律。高校的管理人员通常具有很高的知识文化水平，知识是一种文化，管理同样也是一种文化，是管理人员必须具备的一种素质。高校管理人员在管理工作中，对学生要抱有热情包容、耐心的态度，帮助学生排忧解难，始终以热情乐观的心态工作，这才是管理的文化内涵，也是管理育人的内涵。因此，高校的管理工作要以人为本，尊重大学生的想法，把严格日常管理和引导大学生们养成良好精神面貌与行为习惯结合起来，这是高校校园精神文化建设不可或缺的软件设施。

第二，要善于在全体师生中培养一批具有较高的组织管理和社交能力的人，着力加强对他们的教育和培训，在实践工作中锻炼他们，逐渐地把他们培养成校园精神文化建设的主力军，让他们带领大家一起参与校园精神文化建设，并发挥示范作用。

第三，要对新入职的年轻教师进行鼓励，鼓励他们学习其他教师的经验，提升自身的知识水平。为人师表是对教师的基本要求，其实也是要求教师平时注意自己的行为举止，用自己的行为影响学生的行为，这也是一种行为文化。

因此，要求教师们必须积极地提高道德修养和业务水平，做到爱岗敬业、教书育人、为人师表，用自身良好的道德风范和思想政治素质去影响并教育学生。校园精神文化建设主要针对的是大学生，但是也不能忽视教师的作用，教师的言行举止、价值观都会在无形中对大学生产生影响，因此，教师在高校校园精神文化建设中起着引导的作用。教师，特别是青年教师，他们的治学态度、道德品质等会对广大的大学生产生很大的影响，能够调动大学生们的主动性和积极性，对整个高校校园精神文化建设也具有重要的意义和影响。

三、凸显人文精神，更好地实现精神文化建设的育人功能

育人功能的内涵既包括公共道德的培养，也包括私人道德水平的提升。由于中国传统教育观念中长期存在注重私德培养而忽视公德教育的倾向，甚至有私德进入公共领域，妨碍公共伦理的产生和发展，从而对公共领域行为的价值导向产生负面效应的现象。

因此，新时期更要加强公共道德的培养。其主要途径是把人文精神融入各种校园文化活动和形式多样的大学生社会实践活动中。一方面，可以激发大学生的兴趣和积极性，使其在从参与中学习知识的同时，还能学会竞争、妥协、合作与公正等公共精神和公共责任，为培养其健全的、健康的人格奠定坚实基础。另一方面，可以使大学生在各种校园文化活动中体会大学开放、包容、创新、和谐的精神，使其在耳濡目染、潜移默化中提升自身的思想境界。

私德培养的主要途径是人文精神进课堂，使大学生的个人人文素质得到提升。充分挖掘和发挥学校的人文教育资源，如增加提升人文素质的必修课和选修课，逐步建立起能够覆盖课堂教学、课外活动和社会实践的人文素质教育体系；举办人文讲座，引导大学生阅读人文书籍；举办名师演讲活动，把学校的校史、校情、名师、名家等介绍给广大师生，让他们了解本校校园精神形成的历史过程，了解大学精神培养的一代代师生的光荣事迹。通过在各个层面渗透人文精神，帮助大学生不断提升人格、气质、修养等内在品质，引导大学生正确处理人与人、人与社会、人与自然的关系。

四、逐步开展校风、教风和学风等相关建设

校风是一个学校各种风气的总和，在学校办学过程中长期积淀而成，是一所高校的灵魂和气质所在，体现着学校文化传统、管理水平和办学理念，是学校创品牌、树形象的重要保证。良好的校风既是教育和管理的成果之一，又在教育和管理上具有特殊的作用。它有一股巨大的同化力、促进力和约束力，能够促进大学生个体成长。高校校园精神文化建设必须树立良好的校风。

学风是学生在学习过程中表现出来的治学态度。高校应坚持以学为贵，以

知为重，帮助大学生深刻了解求知对于推动社会进步、成就事业和完善人生的重要意义；形成自觉学习、积极探索、不断创新的人生态度和海纳百川的博大胸怀。

教师是教育和改革的实践者、开拓者，是中华民族文明得以传递的传承者、教导者，树立良好的师德师风对于校园精神文化的建设具有重要的作用。品德高尚的教师作为校园文化的传播者，要言传身教、传承、教导，而优良的学风更需要一些具有学术风骨、品德高尚的大师级人物以其品格、气质影响一代又一代的学生。此外，良好的工作作风也是优良校风的保证。

五、加强网络文化阵地建设，彰显独具时代特色的校园精神文化

充分利用和发挥网络文化之利，努力规避和除却网络文化之害，优化校园网络环境，提升校园网络文化的品位，这是加强高校校园精神文化建设的路径之一。

互联网是校园文化建设的新载体。新时期高校要积极适应校园网络文化的发展要求，按照“积极发展、加强管理、趋利避害、为我所用”的基本方针，一手抓建设，一手抓管理，使校园网成为师生共同的精神文化家园。

一是在网络中设置专门的学生园地，向广大学生介绍国内外重大时事，让他们了解国情、省情、政情。由于近年来群体事件和公共事件中学生网络参与越来越多，高校需要积极关注大学生的这种参与需求，并对其进行正确引导，提升他们独立思考、鉴别和判断能力。

二是运用网络平台传播中国特色社会主义理论体系和社会主义核心价值观，以此来武装大学生的头脑，擦亮他们明辨是非的眼睛。网络平台具有信息量大、内容直观、形式新颖多样的特点，因此在学习思想政治理论方面比传统的教学方式更有吸引力。

三是网络教育与传统教育相比的一个突出优势就是互动更便捷，因此高校应充分利用网络平台为大学生设立专门的留言板和聊天室，让大学生自由地发表自己的意见和看法，不定期地组织网上的热门话题讨论和网络调查。

四是构筑防线，提高大学生的网络道德素质和心理调适能力。开展以网络

为平台的大学生心理健康教育、咨询服务，真正解决大学生的思想困境，满足其精神需求。

网络平台具有一定的虚拟性，利用网络展开心理健康教育与咨询时，大学生利用其虚拟身份，比课堂面对面的交流更容易敞开心扉、畅所欲言、表达其内心的真实想法。

六、校园精神文化建设离不开教师及高校辅导员的全员参与

在互联网时代，信息的沟通已经不再受空间和时间的限制，人们可以通过网络接触到各个国家的文化。诚然，有些思想是先进的，但也有些思想是错误的，因此，思想政治理论课教学主阵地作用的发挥，对校园精神文化的塑造有着巨大作用。这就要求思想政治理论课的教师不断提升学科素养、科研能力、教学方法，并与大学生展开有效的互动，关心他们的思想动态和精神需求，及时解决他们思想中的困惑和生活中遇到的实际问题。只有不断提高思想政治理论课教学实效性，才能使社会主义核心价值观深入大学生心灵，从而有效地实现校园精神文化健康、蓬勃的发展。

高校辅导员与大学生同吃同住，与思想政治理论课教师相比更贴近大学生生活，与大学生沟通交流更加便捷，能更加及时、有效掌握大学生的思想动态。因此，高校辅导员从实践的角度出发，通过“第二课堂”对校园精神文化的塑造起到至关重要的作用。这就要求高校辅导员不断提升自身政治理论水平和优化工作方式方法，将高校精神文化与校园文化活动相结合，更有针对性地通过校园文化活动和社会实践活动，让大学生切身感受到校园精神文化的内涵和提升人文素养。

大学生是祖国的未来，也是民族的希望，大学生只有树立了明确的理想信念，才不会在混沌的生存状态中失去自我；国家只有培养出将坚定信仰作为支撑的高素质人才，才不会失去凝聚力和前进的动力。高校作为培养高素质人才的摇篮，在新时代更要不负党和国家的嘱托，要用高尚的大学精神指引新时代的大学生。

七、开展健康的精神文化活动

高校开展的精神文化活动要注重质而不是量，每一次开展的活动都要明确活动的意义、目的、具体内容、具体形式。建设以“立德树人”为核心的校园精神文化，需要以丰富多彩的校园文化活动作为载体，让广大学生在轻松愉快的氛围中树立良好德行。

（一）积极开展校园文化艺术节、科技文化节、学生社团、社会实践、志愿服务等校园文化活动

以大学生艺术节、“挑战杯”科技创新作品竞赛、创业计划大赛、暑期实践、“三下乡”社会实践等活动为载体，引导大学生坚定正确的政治方向，提高思想道德素质和创新意识，丰富文化生活，推动学校形成厚重的校园文化氛围和清新的校园文明风尚，使大学生在日常学习、生活中接受先进文化的熏陶和文明风尚的感染，在良好的校园人文、自然环境中陶冶情操，促进自我全面发展和健康成长。

（二）开展寝室文化建设活动

寝室文化是高校校园精神文化建设的重要组成部分，和谐的寝室氛围对于大学生的成长成才具有非常重要的作用。随着高等学校学分制的实行，以班级作为思想政治教育基本单位的情况正在发生改变，寝室的育人功能更加突出。学校要通过开展多种形式的活动，探讨建设“美观雅致、文明理性、团结互助、积极进取”寝室文化的方法、途径，引导大学生积极行动起来，共建和谐寝室。

（三）广泛开展通识教育

通识教育是高校校园文化的重要组成部分，高校应广泛开展通识教育讲座，邀请校内外在人文、社科方面有造诣的专家进行学术讲座，以开阔全校师生视野，提供精彩的“文化盛宴”。

（四）利用重大节日、庆典、重大事件等契机，开展丰富多彩的文化活动

近年来，伴随着国家的大事、盛事不断，校园文化活动、庆典频繁，高校需要不断从中提炼新的德育命题，使之成为具有贴近性的德育资源。相比其他资源来说，重大事件、活动、庆典有以下特点：第一，被大学生广泛关注，有利于增强思想政治教育的吸引力、感染力；第二，其形式鲜活，可接受度高，能达到润物无声的效果；第三，有社会的主流价值观宣传，易实现和谐共存，形成教育合力。此外，高校常规的开学典礼、毕业典礼、迎新晚会等也是有效的育人资源，有利于高校校园精神文化的建设。

第三章

高校校园制度文化建设

第一节　高校校园制度文化的内涵与特征

一、高校校园制度文化的内涵

（一）制度文化

制度文化看似是一个“制度”与“文化”的复合词汇，实际上，制度和制度文化还是有很大区别的，制度一般仅仅指代制度或规则本身，而制度文化更多的是从文化角度来探究制度的文化内涵。

国内学术界多从文化层次理论的角度对其展开研究探讨，一般认为文化是一个包括物质文化、精神文化、制度文化、行为文化四个层次的复杂系统，制度文化作为文化的一个子系统，是社会政治生活、经济生活中相关制度和规则的反映，对人们的物质生活、精神面貌、行为习惯产生潜移默化的影响，起到提升民族凝聚力、和谐社会关系的重要作用。任伟、麻海山从意识形态角度将制度文化定义为：“所谓制度文化，是指制度意识形态以及与其相适应的社会规范、制度及组织机构和设施等的总和。”①也有以钱斌、冯永刚为代表的不少学者从广义、狭义的角度来探究制度文化的定义，认为狭义的制度文化主

① 任伟，麻海山．制度文化在社会主义文化建设中的作用[J]．前沿，2007（8）：204-205.

要是指具有强制性的法律法规、方针政策、条令章程等显性规则体系的集合；广义的制度文化是在狭义制度文化的基础上，还包括人们在长期的社会生活中形成的风俗习惯、道德规范、精神信仰等具有有限约束力和规范性的隐性文化形态。

学者们虽然对制度文化的表述各不相同，但有一点还是能够得到广泛认同的：制度文化是制度的文化形态。制度文化是在制度的基础上生成的，既包括人们制定制度的社会环境、价值理念，也包括在制度执行过程中人们内心所形成的较为稳定的认知与习惯，可以说它是一种既来源于制度又超越了制度本身的精神文化成果。它包含着正式的与非正式的、显性的与隐性的、刚性的与柔性的文化形态。制度文化是制度与文化的有机结合，没有规章制度作为物质基础，就没有所谓的制度文化；同样，没有合理的制度文化内涵，制度也很难得到认同、执行不畅甚至引起反弹，制度就失去了存在的意义。所以，有了科学合理的制度文化内涵，制度才能成为维护社会和谐、促进社会进步的良法；反之，制度就有可能成为阻碍社会前行的恶法。

制度文化，无论是从制度管理的角度还是从以文化人的角度来看，都具有极为重要的育人价值。尤其是正式的制度作为制度文化的核心要素，具有显性的、刚性的文化形态，蕴含着明确的价值导向和丰富的育人资源，从而具有了极强的思想政治教育功能。在实现民族复兴的伟大征程中，充分利用制度文化，特别是正式的刚性制度文化，充分发挥其思想政治教育功能，使我国独具特色的社会主义制度优势能够更好地转化为国家治理效能，于党、于国、于民都具有积极的时代意义。

（二）高校校园制度文化

不同的社会群体有着不同的文化，高校作为重要的教育组织和科研机构，也有着自己的文化体系和文化品位。制度文化作为高校校园文化体系中最为权威的部分，一直以来受到国内外诸多高校的重视。但对于高校校园制度文化，国内外学术界至今还未能形成一个系统的定义。受制度文化研究领域的影响，学术界对高校校园制度文化概念的界定主要有以下几种。

第一种认为，高校校园制度文化是高校内明文规定的所有规章制度的总和，即显性高校校园制度文化。其中最具代表性的是杨德广教授在其主编的

《高等教育学概论》中的观点："制度文化主要指学校各种规章制度以及保证制度执行的组织结构。从制度文化的内容看，可将制度文化分为行政工作制度、德育工作制度、教学工作制度、体育卫生制度、后勤管理制度等。"[①]第二种认为，高校校园制度文化是渗透于学校的各种组织机构与规章制度中的价值观念与行为规范。第三种是上述两种观点的结合，认为高校校园制度文化既体现为各项规章制度的总和，也包含着制度本身所蕴藏的价值观念，是两者的统一。

因此，我们可以将高校校园制度文化理解为蕴藏在规章制度中的文化，是高校师生在制度的制定和实施过程中形成的相对稳定的价值观念和行为方式。高校校园制度文化是高校在长期的办学实践中逐步形成的一种独特文化，这种文化不仅为全体高校师生所认同和遵循，而且是一所高校独一无二的名片，凝结着其特有的大学精神和办学理念；它也是一所高校代代相传的宝贵精神财富，对于学校办学、治校、育人等都具有重要价值。纵观国内外知名高校，无不拥有紧跟时代步伐、彰显不俗品位的特色制度文化。因此，高校必须把制度文化建设放在校园文化建设的突出位置，引领物质文化、精神文化、行为文化建设，维护和促进高校的稳步发展。

建设高校校园制度文化，应大力推进科学化、系统化的高校规章制度建设，形成目标鲜明、导向正确的正式高校校园制度文化。只有这样，才能衍生出健康的非正式制度文化，才能使身处其中的全体高校师生心甘情愿、自觉主动地接受熏陶和教化。但同样需要注意的是，高校制度与高校校园制度文化不可一概而论，高校制度建设和高校校园制度文化建设也不能混为一谈。制定出许多规章制度并不意味着高校校园制度文化的形成，只有当"高校制度"本身转化为一种"素质文化"时，才能真正成为高校校园制度文化。[②]

---

① 杨德广．高等教育学概论[M]．上海：华东师范大学出版社，2002：258.

② 沈煜，周燕．探究新媒体时代高校工会促进校园文化建设的路径[J]．才智，2022（23）：127-129.

二、高校校园制度文化的特征

（一）强制性与柔和性相统一

高校校园制度文化具有强制性与柔和性相统一的特性，这样既能保证制度的公信力和执行力，又不会扼杀人的个性，实现人性化管理。“刚柔并济”的高校校园制度文化，能使全校师生在一个民主、自由的氛围和环境下成长，更容易实现人的全面发展。

1. 高校校园制度文化具有强制性

高校校园制度文化的强制性特征主要体现在执行的坚定性和遵守的严格性两个方面。教育部修订并通过的《普通高等学校学生管理规定》（教育部令第41号），由总则、学生的权利与义务、学籍管理、校园秩序与课外活动、奖励与处分、学生申诉、附则七个部分构成，对高校学生管理作出了详细的规定。对于教育部的文件，各高校会根据相关制度严格贯彻执行。比如，各高校会制定“学生手册”，以此为标准进行学生管理工作。一旦明确的制度条例通过并实施，学校及学校主管部门就会坚定地、以严格的标准来贯彻执行。同时，要坚持制度面前人人平等、执行制度没有例外，不留“暗门”、不开“天窗”。所以，学校有关成员要认真学习并自觉遵守规章制度，如果学生违反了相关的制度条例，就要采取相应的、严厉的惩处措施。

2. 高校校园制度文化具有柔和性

高校校园制度文化的柔和性特征主要体现在两个方面。

一是高校校园制度文化的约束不是刚性的，而是以主体的自我约束为主。高校校园制度文化强调，主体首先对制度有所认同，然后逐步实现从他律到自律的转变。只有大学生发自内心地认同，高校校园制度文化才能从根本上对大学生的行为起到约束作用。

二是高校校园制度文化的调节手段和调节目的是柔性的。从调节手段上来看，相较于传统制度管理的惩罚、强制的硬性方式，制度文化实行的是一种软调节。高校校园制度文化注入人性化元素，一般采用说服、教育、沟通、示范、感化等方式纠正不当的行为方式，更加柔和性，更加人性化。从调节目的上来看，传统的高校制度在发展过程中，扭曲了制度本身的作用，认为制度就是用来约束、限制人的；而高校校园制度文化则不同，更多关注的是人的发展，以促进人的全面发展为终极目的。

（二）外显性与内隐性相统一

高校校园制度文化的外显性与内隐性相统一，两个方面特性相互制约、相互补充，更好地发挥了高校校园制度文化的强制力和感染力，主要表现在两个方面。

1. 从高校校园制度文化的表现来看

制度分为正式制度与非正式制度。正式制度就是以成文的形式表现出来的规章制度、条例、守则等，这些制度是有形的、看得见、摸得着的，呈现出外显性的特征。而非正式制度即不成文的制度，主要是学校成员普遍认同的价值理念、伦理道德、风俗习惯等，比如校风、习惯、风俗，这些制度是无形的、看不见的，呈现出内隐性的特征。

2. 从高校校园制度文化的形成过程和作用来看

不同阶段的制度文化对成员作用的程度是不同的。一种制度从制定、审议、通过、实施到被师生认同并固化成形，是一个漫长的过程。前期的高校校园制度文化尚未完善，更多地以强制性的形式，对全校师生的行为进行约束，成效是显著的。譬如，学生守则和学生日常行为规范的出台，促使违反纪律的学生数量明显变少；教学管理制度的实施，促使课堂质量明显提升；基层党建制度的完善，促使大学生党支部党员素质的提升；毕业生就业保障机制的施行，促使大学生就业率的显著提高。

可见，此时高校校园制度文化作用的效果在短期之内就可以看到，这一阶段高校校园制度文化的作用是外显的。然而，当某种制度被认同和固化，变成道德自觉之后，在很长一段时间不能很明显直观地看到效果，因为高校校园制度文化已经成为一种内在动力，被大学生消化吸收后成了他们的行为准则。整个过程呈现出内隐性的特征，过程漫长、效果不明显是这一阶段最主要的特征。

（三）约束性与激励性相统一

高校校园制度文化具有约束性与激励性相统一的特征，主要表现在以下两个方面。

1. 从高校校园制度文化的作用来看

约束和激励是高校校园制度文化的重要作用。不论是成文的规章制度，还是不成文的道德规范，不论是强制性的制度，还是道德性的行为规范，都会对高校师生的学习生活和教学活动提供一种潜在的约束力，同时也是一种动力。通过规章制度、道德规范等来约束和激励全校师生，培养全校师生的规则意识、法治意识和纪律观念。比如教师代表大会制度，一方面要强制性执行，否则就会受到某种制裁；另一方面提倡和激励人们形成道德自觉。当教职工能够自觉地遵守制度并习以为常时，就意味着该制度逐步形成了一种制度文化的雏形。

2. 从高校校园制度文化的目的来看

在高校校园制度文化建设的整个过程中，约束性和激励性同时存在。然而，不同阶段的侧重点有所不同。首先，约束性是高校校园制度文化的初级阶段目的。约束和限制人不是高校校园制度文化的最终目的，只是在制度发展和完善的过程中必须经历的一环。通过约束、惩罚、纠正，使主体对某一制度形成自我认知，在实践和探索中对制度的好与坏、善与恶，形成自身的价值判断。如果一味惩罚，就会使大学生丧失自信心，反而会适得其反。其次，激励性是高校校园制度文化的终极目的。激励性是指通过高校校园制度文化的熏陶和感染，激发大学生的积极性和能动性，激励大学生将制度内化为行为准则，形成道德自觉，促进全面发展。

《礼记·大学》中讲："大学之道，在明明德，在亲民，在止于至善。"① 虽然"大学"的含义和范畴不同，但是"止于至善"的道德目标和现在是一致的。高校校园制度文化用蕴含道德元素的制度来培养全校师生"善"的道德品质，为培养德、智、体、美、劳全面发展的大学生服务。高校校园制度文化激励成效的好坏，是衡量一所高校校园制度文化是否成熟的重要标志。

---

① 陈成国．礼记校注[M]．长沙：岳麓书社，2004：484.

第二节　高校校园制度文化建设的管理分析

一、高校校园制度文化建设管理的重要性

（一）制度文化对精神文化的影响

精神文化是隐性校园文化，它存在于学校各个方面，有时候被看作学习风气，有时候被看作学校历史的传承，其实它们都是精神文化的某个方面的体现。有时我们评价一所学校的好与坏，都会以学习风气是否良好，是否突出办学特色来衡量。但是如何形成良好的学习风气呢？如何体现办学特色呢？一个学校有严格、科学的管理制度，形成了良好的制度氛围，依靠制度治校形成独特的制度文化才是形成积极向上精神文化的关键。调查表明，没有良好的制度氛围，就形成不了严格、科学的管理制度，没有严格、科学的管理制度，就不能形成良好的学习风气，也就不能形成优良的校园传承。所以，制度文化是形成良好精神文化的基石。

（二）制度文化对物质文化的影响

物质文化是一种显性的校园文化，它主要体现在学校的建筑、设备等硬件设施当中。在高校的评估工作当中，物质文化也成为必不可少的内容之一。近几年，高校发展迅速，一栋栋环境优美、设备先进的教学楼、宿舍楼拔地而起，成为校园里一道亮丽的风景线。然而在这些光鲜的背后，是一幕幕极为不协调的场景。大批大学生带早餐进入教室，让本该浓郁的学习氛围，浸泡在酸辣粉、葱油饼等气味当中，大量的垃圾留在教室里，连那些清洁阿姨都抱怨高校的卫生太难清扫。寝室里大学生们通宵达旦地玩网络游戏，垃圾肆虐，甚至连外卖员都能够自由进出宿舍。这些不和谐的现象不由得让我们深思，不断提升的物质条件，为什么没有造就积极向上的学习氛围与良好的精神面貌。造成这一现象的原因，是高校在提升物质条件的同时，忽略了建设相对应的制度。

二、高校校园制度文化建设管理

没有规矩，则不成方圆。高校校园制度文化是高校教育顺利进行的基本规范和具体保障，在培养人才、进行科学研究和社会服务这些长期的办学实践中，包括对高校制度的计划、执行、监督、实施等内在的价值取向，都离不开高校校园制度文化的作用。①

（一）高校组织制度文化

我国高校实行的是党委领导下的校长负责制，党委负责政策的实施，实行民主集中制，在此基础上进行分工，各司其职，进一步推进政务和校务公开、群众监督，尤其是对各级党政领导阶层的监督和管理。行政管理就是要充分尊重并体现校长的行政领导权，体现行政部门依照相关规章制度广泛开展教育工作的效用。我国高校的内部管理机制具有地方特色，与其他管理机制不同的是，高校的内部管理机制是机构组织与具有相对独立性的学科模式的结合。换言之，组织机构是按照类似于政府组织的模式进行构建的，而学科则是依照学术组织的模式进行构建的。

高校组织制度文化是经过长期的实践而逐步形成的，也是一个不断完善的过程。高校组织制度文化建立的目的是引导、激励和约束人的观念、行为。因此，高校各利益群体的文化理念都会不同程度地影响和制约着其制度文化，高校的管理层及其职能部门遵循什么样的理念，必然有与之相适应的组织制度文化。随着社会的不断进步和高校功能的逐步深化，原有的组织制度文化如不能适应社会变化和时代潮流，势必会对高校正常运转造成影响，高校的管理者必然要完善其组织制度文化，以满足现代高校校园制度文化的发展要求。

任何制度都是受一定的思想意识、理想追求所影响的，高校组织制度文化是一种具有明确价值取向的主体性制度文化，对高校校园制度文化的形成与发展具有不可忽视的重要意义，是高校校园制度文化形成、发展与创新的重要内在因素。高校的管理者是高校组织制度文化的构建者和引导者。高校组织管理的对象是高校全体人员，其最终目标也是促进高校全体人员自由全面发展，因

① 郭策，游舒颖，王苹．新媒体时代高校校园文化建设的机遇、困境与出路[J]．湖北经济学院学报（人文社会科学版），2020，17（7）：103-105，147.

而高校组织制度文化要注重人文关怀。

（二）高校人事制度文化

高校是为社会培养优秀创新型人才的摇篮，因为承担着教书育人、服务育人和管理育人的重要任务，所以高校教师在这种制度文化的实施过程中占有主导地位。那么教师如何发挥自身的主导作用，有效地提高教学质量和科研水平，对于高校职能的发挥有着重要意义。在高校校园里，工作岗位要求不尽相同，这就需要高校充分了解多样性的人才激励需求，对于不同岗位以及不同性格特征的教职工进行有针对性的制度文化制定和创新，这样人性化的制度文化才能充分激发个体的主动性和潜能，达到人尽其才的效果。

当前，高校的人事制度文化坚持以优化队伍结构、有利于人才培养为导向，以实际情况为出发点，依照岗位设置、责任范围和工作量的不同，科学合理地确定人员职位、责任和数量等。

面对高校这种知识密集型的机构，我们必须以一定数量的人力资源作为保障。当前，各所高校的教育工作者主要包括专业教师队伍、管理者以及工勤人员等。达到一定条件的高校可以独立选拔人才，自主进行职务聘任，应鼓励高校面向社会公开招聘，引进高级人才。

随着社会的发展，我国高校办学规模不断扩张，硬件设施也逐渐得以改善，但是教学质量、师资储备和管理水平仍与现代大学的标准有一定差距，如部分教师只能教授基础课程，部分管理者的工作只停留在处理一般事务上，缺乏必要的现代管理思想、管理能力以及高效地处理好高校思想政治教育问题的工作能力。这在一定程度上降低了高校对人员管理的有效性，阻碍了高校又好又快地发展。所以，高校应该制定合理的岗位结构比例以及教师评价体系和激励机制，将这些内容纳入高校人事制度文化之中，认真组织实施，以提高用人质量与效率。

现阶段，我国高校环境是和谐的，但教育工作者与日俱增的压力所带来的潜在的不和谐因素是我们必须关注的问题。为将此现象遏制在萌芽状态，作为高校的领导者需要为教师的发展创造必要的条件并提供展示才能的机会，努力营造团结平等、轻松和谐的文化氛围。在完善教育工作者的管理制度文化时，重点关注如何提高教学能力、管理能力和服务能力。

对于授课教师而言，其教学内容、教学方法、教学手段要对制度文化加以重视，并积极探索新型教育模式和方法，提高教学水平，采用新型教学方式。高校的领导者还要经常与教师交流沟通，做到真正意义上认识每一位教师，关心每一位教师，激发每一位教师主观能动性的发挥，根据教师的不同层次和不同需要，从一点一滴着手，把每一位教师视为高校组织中不容忽视的一分子，真诚关心和爱护每一位教师，在工作、学习和生活等方面设身处地为教师着想，以更加人性化的人事制度文化，激发教师参与高校管理的积极主动性。

（三）高校教学制度文化

教学任务作为高校的核心任务，是高校管理的重要组成部分。优秀的高校教学制度文化是培养高质量人才必不可少的条件，是建立在科学的教学制度基础之上的文化。

目前，高校承担的艰巨任务是培养高层次创新型人才。在高校，培养创新型人才的关键取决于教学，这就要求新时期高校在教学制度文化方面要有所创新，注重教学资源的有效配置，使高校能够适应社会对人才评价的新标准。高校教学制度文化的创新是高校教学资源合理配置的制度保障，有利于激发教师和学生的积极性及潜能，有利于提升高校的教学能力，培育出更多的高素质人才，这也是现代教学制度文化的重要内涵。

鼓励创新的教学制度文化是培养创新型人才的重要保障。教学创新是在教学期间以激发和引导为主要教育形式，以激发学生的创新意识为内核，以提升学生的整体素养为目标，以培养学生的动手能力为重点，全面开展创新人才培育计划。在高校实施创新型教育，需要进行一个系统而准确的定位。一方面是将创新教育融入素质教育中，通过改进专业科目、思想教育的学习内容和方式提升学生的基本素质，尤其是培养学生的动手能力以及创新能力。另一方面是将创新教育融入实践教育中，通过社团活动、科技创业比赛等方式，让学生掌握与专业相关的创业基础能力。我国许多高校都进行了有益的尝试，获得了丰富的经验。

教学管理制度的主体包括教师、学生、课程、教授方式等要素。教师教学热情的提高、教学质量的提升、学生专业素养的培育均着眼于上述因素。要对这一制度文化体系进行系统思考，必须要了解教师、学生、教学环节等方面的具体情况，并在系统分析的基础上，融入高校的价值取向和信仰追求，着眼于这套制度体系的“导向性、自我约束力和人性化”，最终创设出比较科学的有关教学层面的制度文化。

因此，高校校园制度文化需要与科研、人事、学科构建、思想政治教育等各类制度文化建设相链接并进行协调，这样，高校校园制度文化就能形成一套完整的运行体制。这些运行体制的持续改进和不断加强，能够逐渐打造出良好的高校校园制度文化的理念和环境，进而渗透到教师的行为习惯中。

（四）大学生日常行为制度文化

约束大学生的行为，使其符合高校校园制度文化规范，并使大学生学会自我调适、自我完善，是现行的高校校园制度文化亟待解决的一个重要问题。因此，高校要重视大学生的主体地位，注重大学生的自由全面发展，以确保各项制度文化理念能够维护大学生的切身利益，更好地为大学生的成长服务。

着眼于大学生群体文化的构建和引导。大学生群体文化是指相对稳定的大学生群体在面临相同或是类似的情境时较为一致的价值观念和行为方式，是广大学生依据社会的要求，按照既定教育目的和学习目标，在特定的环境中创造的一种与社会、时代密切相关，又具有校园特色的人文氛围、校园精神和生存环境，是全校所有大学生共同拥有、共同遵循的价值观念、社会心理、基本信念、思维模式和行为规范，是一所学校的性质、个性和精神面貌的生动体现。各高校在校团委领导下的学生会及各种社团是高校文化活动的主体，这些学生组织举办的各类文体活动是培育大学生群体文化的重要途径。

建立一套科学的大学生管理运行体制是各所高校学生管理任务的关键。大学生管理运行体制不仅要树立科学民主的管理理念，相信、依靠并尊重大学生，全面激发他们在管理中的踊跃性和自主性，建立全员参与的双向沟通的管理方式，还需要树立服务意识，从学校领导到教师，从教学一线到保障管理，均需要树立以大学生为学校行为主体的服务理念，通过明确义务及责任，确定各部门的职权内容和范围，根据大学生工作核心要求，高校辅导员、导师和全体学生干部共同介入，完成大学生日常管理工作，实现高校的育人目的。

第三节 高校校园制度文化建设的实现路径

一、高校校园制度文化建设要体现独立性

（一）政府重在宏观管理

从以往政府采取的教育改革机制来看，政府管理高校的权力范围过于宽泛，没有发挥好导向作用，在宏观管理方面有待加强，在微观管理方面又掌控过多。显然，亟待解决的问题是政府将管理重心放在制定发展战略、规划结构布局、提供信息服务以及进行各种间接调控等方面。从政府角度看，现代高校校园制度文化的管理理念就是要发挥好导向作用，作为营造高校校园制度文化的中坚力量，政府要切实发挥好对高校校园制度文化建设的引领作用，协调好高校文化资源。因此，政府必须统揽全局，从代表高校和社会根本利益的角度出发，对高校进行宏观管理，划清政府管理高校的责任范围，以保证其在管辖范围内逐步提升管理水平，促进高校的健康、有序发展。

伴随着市场调节对高校行为越来越强烈的影响以及各类中介机构的不断发展壮大，政府可以将部分职能交予这些机构，以便其能够更好地履行职责。与此同时，还需要创建由中央和地方分级管理、以地方为主的管理制度。以细化管理内容及管理方法为基准，推进政府宏观管理。

我国地大物博，不同的行政区域，无论是在天然风貌、人员组成，还是在经济文化的推进速度等方面均存在巨大的差别。实施分级管理、地方统筹为主的管理模式，便于科学管理，能更好地满足地方经济发展的需要，同时有助于增强管理的可行性和科学性。

（二）体现办学自主权

高校要具有办学自主权，要有自我发展与管理的能力，要在能够自主决策的同时，承担相应的责任，即高校要有自我责任意识和自我约束、自我监督机

制。决策权与责任制相结合，组成完整的自主权，只有两者的完美结合才能使自主权顺利实施。

决策权需要有详尽的决定内容做基石，不然决策权就是纸上谈兵。要做到这一点，就要贯彻《中华人民共和国高等教育法》中的规定，落实高校办学自主权。在专业与学科设置方面，高校应当将专业和学科目录视为参照对象或任务目标，这样对学术研究的精进提高大有裨益。新专业及新学科的不断面世，毫无疑问会为人们划分知识类别提供新的标准，所以高校应该促进学科建设，而非只是单纯地注重现有的学科目录。

二、高校校园制度文化建设要体现开放性

（一）建立政府、高校和社会联动机制

随着知识经济时代的不断发展，高校的学术理念也发生了转变。政府、高校及社会均承担着推动高校高度社会化、保持高校机构平稳发展的职责，其本质是要建立政府、高校和社会有效的联动机制。社会需要催生了高校这一特殊组织，高校的改革和发展则是由社会新需求所推动的。假设一所高校忽视了要解决实际生活中所出现的问题，那么显而易见，这所高校就没有承担起自己应尽的责任。作为一个特殊的社会机构，高校不管是直接或是间接的行为，最后均要与政府、社会产生交集，使两者参与其中。[①]

高校的最终目的在于服务社会，因此，高校要根据社会需要的转变去不断地完善自身的制度文化。在政府的指导下，高校面向社会、自主办学是一个互相影响的过程，不仅展示了高校对社会的依赖，而且展示了社会对高校的依赖。社会不仅被视作高校的消费者，而且被视作高校的支持者，如果脱离了社会的反馈信息，高校就根本无法面向社会。社会和高校双向依赖的过程，能大幅度削弱高校与社会间的隔阂，对高校高度社会化有推波助澜的作用。政府及社会一起监管社会问题，在此，政府和社会展示对等的关系，而非上级与下级的关系。在政府和社会的联动中，政府既是领导和管理者，又是合作者。政府树立自身的良好形象及改变自身的管理风格不仅是政府的单方面举措，针对社

① 王宇，秦佳文. 高校思想政治教育与校园文化建设互动机制研究[J]. 文学少年，2020（5）：43.

会机构的治理数量和治理质量也并非全部由政府本身的信念态度决定，更大程度上依赖社会机构如何给政府提供治理的空间和支持，依赖社会机构本身在怎样的程度内具备自身治理的前提和能力。但凡社会能够自我解决的问题，政府就不需要过多干涉，而社会无法自我解决或无法完善解决的问题则需要政府出面。这样，政府和社会各司其职，不仅为国家及社会的稳固前行铺设了道路，也充分保证了社会和群众的利益。

结合我国现状，高校应该采用多种创建模式的办学制度文化，逐层推进，创建出以政府办学为主、社会各界协同的办学制度文化，这将成为我国高校体系改革的一个根本指导思想。加速多样化高校制度的形成，不仅要鼓励各种社会力量参与到高校建设之中，而且要肯定多元化的创办模式，只要对推动我国高校发展有益的创办模式，都应积极进行尝试。

高校面临的一个重要问题是缺乏与社会的直接接触，不能有效改善学校的决策能力，导致学校行为缺乏系统性的管理。如果要很好地处理这一情况，需要在高校创办一个由校外人员构成的咨询组织，包括政府官员、杰出校友、专家学者以及相关单位，用来引导高校作出正确决策，通过他们自身具备的专业知识、社会背景来充实高校校园制度文化。

为了保证这类决策咨询组织能够具备稳定性及良好的决策能力，需要辅以相应的奖惩措施，如创办由校外人员构成的稳定的高校自身评估组织，经由客观评估来协调高校的决策活动。自身评估是整体评估系统的重要构成因素，但高校在执行自我评估时往往是校内人员去构建组织，而校内人员在很大程度上受到高校利益的驱使，从而使这种评估失去了客观性和它固有的价值。在此方面，需要以一定的制度形式，规范高校自身评估组织的构成，要求评估组织应当由一定数量、不同类别的校外人员组成。这样既能发挥咨询组织的作用，也具有监管和自我评价的作用。有效地发展这些组织，是高校完善其制度文化的基本途径。

（二）建立与市场经济相协调的校园制度文化

现行的高校校园制度文化建设需要市场充分发挥应有的作用，使高校能够根据市场供求变化对高校校园制度文化活动进行调整，以与不断发展的经济和新时代的社会潮流相适应。高校活动在现代社会中逐渐体现出了商业化的特性，在高校转变为商业化高等劳动力和商业化科学技能的创建者和管理者时，市场功能及其调整能力就开始正式发挥效用了。

市场调节保证了高校能够敏锐、快速地适应外界社会的需求。高校的这种适应性从根本上看就是对社会消费的适应，高校对社会需求把握得越精准、越高效，它的适应能力就越强。从对社会需求的反映上看，市场是最能够展现其效果的方式，因此高校应依据市场供应的要求不断调整目标来完成自我调节，这种方式在很多方面都优于经由政府计划实施的调节。

市场调节保证了高校的多元化和独具特色。一方面，多元化的社会需求使得高校必须适应并为其提供多元化的服务；另一方面，高校必须通过打造自身的特色文化，凭借独特的内涵和形式来维持自身的竞争优势。当高校掌握了这种有效的调节手段，就能自主地形成合理的结构及规划。市场调节不仅让高校变得更加自主和独立，还展现出了其勇于承担、持续发展、充满活力等特点。市场活动发生在各个市场主体中，高校只有具备了自主性和独立性才能成为市场主体。市场通过它的主体性要求让原本基于学术自主而创建出的高校管理具备了双重作用。

此外，市场调节也使得高校的活动更加富有责任感及活力。在市场机制的调节下，各类经营主体均有可能遭遇盈利、亏损、破产等状况，这是它们所要承担的风险。风险机制在商业规划中凭借利益的驱动和亏损的压力发挥着功效，迫使每个经营主体都要时常关注生产运营情况，进而敦促并激励它们认真努力、传承创新、持续发展。高校也在市场的风险和获益的双重驱使下运行，因循守旧、不做改变都会让高校在激烈的竞争中失去活力。

市场调节不仅使高校的价值获得了社会认可，而且推动了高校的发展。在市场经济体系下，一个市场主体存在的价值，只有在市场交换中才能得以展现，高校只有面对社会，以开放的姿态寻求市场交换，才能够体现其自身所蕴含的价值。能够在市场上进行有效交换的，就意味着其劳动价值获得了社会认可。知识与人才在当今社会中所展现的巨大价值，经由市场交换得到了进一步的证实，而就是在这样的证实下，社会对高校的关怀和支持得到了推进。然而，经济活动的市场本身存在一些弊端，高校也同样存在一些弱点。市场是以供求关系来调整高校活动的，高校针对不同的供求关系采取不同的措施，高校自身无法反映这种供求关系。

长此以往，高校之间在现实社会中将不能自主地均衡各自的发展规模和规划，进而致使高校凭借经验盲目发展，浪费了不必要的教育资源。所以，市场调节只是调节手段之一，它还需要配合相应的政府宏观调控才能发挥效用。将政府宏观调控和市场适度的调节有机结合，方能创建出一个更加完善的高校运行制度。

市场调节作为高校管理的一项有效举措，必须建立一种高效的市场反馈体制。市场调节的效用能够被视为一种信息反馈，这样的信息体现了社会发展的最新需求。经由政府或高校建立一个高效的市场信息反馈体制，不仅可以更好地进行高校资源的合理分配，而且能够快速准确地将市场信息反馈到高校校园制度文化构建的各个方面，全面规划高校校园制度文化的运行，推动高校创办有自身特色的文化，培育出能够满足服务社会需求的人才，从而保证自身的市场竞争优势。高校可以通过改变教学方式及课程设计，让大学生拥有一个充满创造、协作的学习氛围，这样会有助于激发大学生开放的思维和创新的意识，以及适应社会的能力。

在充满竞争的社会里，具备上述价值理念和能力是获得成功必不可少的先决条件。为了确保高校在文化资源的竞争中拥有同等的权利及义务，需要建立一种开放的、公平的制度文化氛围。有市场就会有竞争，高校之间的竞争大多表现在院校之间、学生之间以及教师之间等。高校校园制度文化一样面临着文化资源的竞争，但这种竞争需要遵守相应的政策法规，以便高校校园制度文化能够起到良好的作用。所以，我们需要创建并完善对高校市场活动进行评估和约束的制度文化，打造公平竞争、适者生存的市场环境。

此外，高校还应该创建具有开放性的评估机制，设置自我评估、社会评估及政府评估等相结合的评估信息机制；还可以分类评估制度文化，增强评估的真实性和有效性，以此评估作为高校竞争的有用参考，帮助高校勇于承担、持续发展、充满活力，使高校校园制度文化的价值得到社会的认可。

三、高校校园制度文化建设要加强人本管理

（一）树立服务至上的管理理念

学生是学校的主体。在制定关系到学生利益的规章制度时，学校如果能够

经常听取学生代表的意见，将会使这些制度更加容易被学生接受，进而实现制度育人的目的。所谓的让学生参与，不是让学生动手制定制度，而是听取他们的意见和心声，了解他们的合理需求和愿望。高校学生管理的一个重要目的就是调动学生学习的积极性和主动性，高校任何一项管理规章制度的出台都应符合这一目的。这就需要管理者贯彻以人为本的思想，以面向教学第一线、面向服务对象为原则，形成有利于学生发展的严谨、活泼、宽松的人才培养环境，促进学生创造思维和个性的发展。可以说，高校管理者与学生之间存在一种权利与义务关系，在高校的制度中应明确学生的权利，包括学生参与教学管理、对学校决策有知情权等。

因此，学生参与学校制度文化改革与建设是不可忽视的一个方面。人本化管理就是要给学生更多的自主权与知情权，这并非在否认高校管理制度的权威性，或者是摆脱制度对学生的约束，而是要考虑什么样的制度更有利于学生发展。学校的管理工作需要管理者与学生经常沟通和相互理解，没有亲身参与便不能有切身的体会；处在成长期的大学生有很强的可塑性，忽视他们的自主意识而只采用刚性管理，很容易使他们产生反感。正确认识高校的主体，把主动权交给学生，引导学生加强自我管理，并让学生参与制度的制定和管理是高校尊重学生的主体性的体现。同时，还能发挥学生积极性，使之关注学校教学科研工作的改革，促使学生与管理者之间、师生之间建立良好的关系。

（二）建立发展性教育评价体系

教育评价包括对学生的评价、对教育的评价、对学校的评价等，这里只谈对学生的评价。当前，受基础教育评价观念的影响，“智育第一”和“以分数论高低”的评价观念和评价制度依然存在于很多高校中，考试形式单一，过分地把考试成绩视为衡量学生的标准，以及不重视其他方面的考查是当前评价体系的弊端。要想改革这种观念，就要改革评价制度，而改革制度的核心在于改革学生评价。

改革评价制度，可以通过建立学生发展性评价体系来实现。发展性评价注重的是过程，通过收集并保存与被评价者发展状况相关的资料，分析被评价者的发展情况。这些分析的目的在于形成对被评价者发展客观完整的认识，并在此基础上针对被评价者的优势和不足给予激励或具体的、有针对性的改进建议。

高校可以通过导师制、教授研究室开放以及专题报告活动等形式，对一、二年级的大学生进行科学的兴趣、能力、性格测试，评价其个性和优势，然后根据这些优势指导学生选择职业目标并将职业目标与当前的学习紧密联系，帮助学生制订选课计划和各种活动计划。每年定期让学生根据自己制订的计划对所学课程和各种能力进行自我评价，发现不足再修改计划，不断完善计划。这种方法有利于学生主动进行素质教育，提高学习能力和对各种知识的学习动力。

四、高校校园制度文化建设要坚持学术自由

高校作为社会性的学术与文化组织，拥有异于其他社会机构的特殊性。现代高校校园制度文化建设重点着眼于高校身为学术性的文化组织的主导作用和独立性。行政权力是一种法定的权力，是对高校工作的计划、组织、指挥、协调，是保证高校日常运行、维持高等教育稳定有序发展的基础。学术权力是在教学科研过程中，在探寻学术发展规律的过程中所形成的一种权威，它能引领高校内部学术性工作的正常开展，规划高等教育发展战略，激励学术创新。有效地均衡学术权力和行政权力是高校自身管理制度的一个基础法则，行政权力越大，人为管理所占的比重越大，学术决议受到行政权力的影响越大。如果缺乏必要的行政权力干预，高校作为一种组织机构就不能正常开展工作，所以若要让高校管理处于最佳状态，就有必要均衡学术权力与行政权力所占的比例，以确保学术权力能够展现出最佳的效果。维持管理的正常运行及教育成果的公正性，是高校校园制度文化的基石，也是高校校园制度文化建设的终极目标。

所以，高校应该针对知识生产和学术研究创建出以学术为核心的管理方式，创建学术研究的鼓励和指导体制，从根本上构建一种厚重的、广博的、批判性的、寻求新知识和真理的高校校园制度文化。在做到服务社会的同时，还原高校的教育和探索目标，摆脱行政化、官场化的特点。对于建设一流高校而言，高校的这种制度创新和文化创新更具基础性和重要性。

第四章

高校校园行为文化建设

第一节　高校校园行为文化的内涵与特征

一、高校校园行为文化的内涵

高校校园行为文化是校园物质文化和校园精神文化的全部活动，是校园文化的动态层面。高校校园行为文化主要体现在师生的活动形态上，是能够最直接感受到的校园文化形态，体现出学校的作风和学风，折射出学校的价值观和精神风貌。

按照不同的分类标准，高校校园行为文化的内容也有所不同。从高校校园行为文化的主体来看，校园行为文化可以分为学生行为文化、教师行为文化、服务人员行为文化和管理人员行为文化；从高校校园行为文化的主体范围看，可以划分为个人行为文化和团体行为文化；从高校校园行为文化的性质看，可以分为学习行为文化、道德行为文化、法纪行为文化和政治行为文化等；从高校校园行为文化的工作看，可以分为教学行为文化、科研行为文化、文体行为文化和管理行为文化等。[①]

① 王睿. 高校思想政治教育与校园文化建设互动研究[J]. 青年时代，2020（25）：197-198.

二、高校校园行为文化的特征

（一）行为习惯的持续性

校园行为文化的主要功能是通过知、情、意、行的作用广泛而深入地影响大学生思想品德的形成和发展。校园行为文化产生和根植于学校的教育环境之中，对大学生具有教育、激励、凝聚、陶冶、娱乐等方面的积极作用。它对大学生个体的影响是通过它所创造的良好精神氛围和与之相适应的和谐的物质环境，在潜移默化之中感染人的情绪，陶冶人的情操，美化人的心灵，完成对人理想人格的塑造。高校校园行为文化的内容、方式以及行为文化所形成的文化环境和文化氛围，对大学生有着直接或潜移默化的导向作用，影响着广大师生行为规范和生活方式的选择，具有水滴石穿的力量。

良好的校园行为文化是一种潜在的教育力量，不一定具有明显而具体的要求，却以某种特有的潜在作用影响、制约广大师生的思想、情感、道德，改造广大师生的内心世界，形成广大师生牢固的道德观念、崇高的思想品质、积极向上的人格魅力。校园行为文化建设是一种实践活动，可以使广大师生在校园文化活动中不断提高自己的综合素质，形成良好的思想品德，逐步达到理性认识和意志水平的统一，即理性自觉与意志自愿的结合，从而为将来的工作和生活奠定坚实的基础。

（二）生活方式的文明化

近年来，高校校园出现的种种不良现象以及部分大学生道德观念淡薄、公德意识差、集体意识差等问题都足以引起人们深刻思考。这些问题的解决除了课堂教育，还需要加强校园行为文化建设，让大学生在潜移默化中自觉接受熏陶和塑造，提高政治素质、科学素质、人文素质、道德素质、心理素质等综合素质，抵制各种腐朽消极思想的侵蚀，提高精神境界，锻造理想的人格，树立正确的世界观、人生观。

校园行为文化作为一种环境教育力量，对大学生的健康成长有着巨大的影响。校园行为文化建设的最终目的就是要创建一种优良的文化氛围，陶冶大学生的情操，构建大学生的健康人格，全面提高大学生的综合素质。高等学校作为社会主义精神文明建设的坚强阵地，是培养社会主义事业建设者和接班人的重要场所，广大师生应有文明、健康、科学的生活方式，而这种校园生活方式主要由科学的学习生活方式、健康的消费生活方式和文明的闲暇生活方式等方面构成。

加强校园行为文化建设，可以培养大学生文明的行为意识和科学的行为方式。科学的学习生活方式就是要以振兴中华、造福人类为学习目的；要遵守学习规律，要把课堂学习与课外自学相结合，把向书本学习与在实践中学习相结合，要把获取知识与培养能力并举。健康的消费生活方式则要以增强体质、发展智力为消费目的，要以符合实际、量力而行、坚持勤俭节约为原则，把物质消费与精神消费相协调。文明的闲暇生活方式，应把求知、陶冶、消遣和运动等形式有机结合起来，讲求格调高尚、情趣高雅、情感丰富、爱好广泛。校园行为文化建设可以将不正当的越轨行为转移到有益的活动形式上来，满足大学生喜欢冒险和刺激活动的需求，为大学生提供正当释放能量的机会与途径。进行校园行为文化建设，可以提高大学生的鉴赏能力，开放校园自娱文化设施，把更多的大学生从谈恋爱、打扑克、摸麻将等活动中推向艺术广场，使其接受美的教育。

（三）参与主体活动的普遍化

高校校园主体人群包括学生、教师、管理者，涉及不同年龄层次、不同知识水平与不同职业，他们的参与意识和参与能力都比较强。因此，高校校园文化具有明显的参与成分和广泛的内容。学生、教师、管理者三方面人员构成师生这一有机的整体，任何一方都是校园文化的创建者、参与者和受益者，因此，这三大群体不仅是校园文化的主体，而且是校园行为文化最主要的参与者。高校校园行为文化既包括各种丰富多彩的具体文体活动，又包括更深层次的教书育人、管理育人、服务育人和环境育人等教育活动等。因此，高校校园行为文化主体参与的内容是丰富的、广泛的，参与主体的活动呈普遍化趋势。

（四）迂回性和持续性的统一

校园行为文化的迂回性是指由于大学生的认识规律等因素，校园行为文化具有在特定时期内一定的教育活动不断进行，或同一工作间隔一定时间再度进行的性质。但这种迂回性并不是内容的简单迂回，而是要根据新的情况，结合大学生的发展状况，不断更新教育内容，使大学生反复地受到教育、感染、磨炼，以提高大学生的素质。

校园行为文化的持续性是指校园行为文化的一致性或不间断性、长期性。校园行为文化迂回性与持续性的统一是一种辩证关系。迂回性是校园行为文化达到持续性的有效途径和必然要求；持续性是校园行为文化迂回性的终极目标。大学生的素质是在教育的作用和社会环境因素的影响下，并在生活实践的过程中逐渐形成的，无论是思想观念、道德意识的形成，还是情感的发展、行为习惯的养成，都需要长期的积累过程。校园行为文化过程就是一个不断循环迂回发展的过程，通常一个过程的完结又是一个新过程的开始。同时，大学生的思想是非常复杂并且不断变化的，而且会出现迂回。这也说明了这种迂回性是校园行为文化效果持续性的重要表现。

（五）综合性与针对性的统一

校园行为文化的综合性是指通过协调综合，形成共同目标的统一性。具体来说，它包括方法的选择、整合与建构，是对工作方法的考察，是对各具体方法实质和特点的把握、分析、综合，并根据工作的需要选择结合点、把握程度、综合运用。校园行为文化的针对性是指校园行为文化建设要做到符合实际，符合教育内容的自身要求，符合大学生思想状况和发展的客观规律，帮助大学生扬长避短，提高工作的科学性。因此，要分清大学生思想的性质、思想的影响范围和程度、大学生的具体特点，并根据不同的性质、影响因素、特点，选择不同的方法，以达到其预定的目的。

三、高校校园行为文化建设的作用

（一）高校校园行为文化建设有利于校园文明的形成

所谓校园文明，就是指在校园这一特定环境中，师生共同遵循的行为规范、道德准则以及精神风貌的总和，它体现着校园生活不断发展、不断进步的状态。它包括明确的培养目标、良好的学校风气、和谐的人际关系、健康的生活方式和优美的校园环境等。

高校行为文化建设是校园文明的关键。行为科学认为，需要引起动机，动机支配行为，行为的方向则是寻求目标以满足需要。加强高校校园行为文化建设，建立学生合理的求知需要、交往需要、情爱需要和自我实现的需要等需要体系；建立学生积极正确的近期目标、远期目标、理想和信念等目标系统和健康有效的激励机制，从而促进校园文明的形成。

（二）高校校园行为文化建设有利于促进广大师生的全面发展

人的身心是一个和谐发展的整体，人的认识、情感和意志应该相互支持、协调发展。智力因素是大学生发展的基础，非智力因素是大学生发展的动力。加强校园行为文化建设是促进大学生全面发展的一个重要途径。加强校园行为文化建设要从每个大学生的个性特长、认识特点出发，面对有差异的大学生，承认并尊重大学生的个性差异，实施有效教育。从哲学的层面讲，大学生的全面发展和个性发展是共性与个性的范畴，这里所说的共性是对所有大学生的共同要求。但每个大学生具有的认识程度、兴趣爱好、欲望要求、价值取向、创新潜能的不同，造就了每一个独特的大学生，也就是个性的差异。高校校园行为文化就是要求全面发展与个人特性的较好结合，既坚持共性的标准，又重视多样性即个性的发展。

（三）高校校园行为文化建设有利于提升高校管理水平

以信息为载体的知识经济开始占据统领地位的新形势，不仅影响了人们的世界观、人生观、价值观，也给高校校园文化建设带来了新问题和提出了更高的要求。我们可以这样说，越是形势发展迅速，越要注意加强高校校园行为文化的建设。校园文化群体中的个体常因受到他人影响而产生群体效应，也即出现一种类化现象，这主要表现在思想的认同上。从社会心理学的角度看，这也是个体社会化的过程，即通过周围环境的潜移默化和对他人行为的选择、顺从实现的。加强高校校园行为文化的建设，可以借助于“深入开展校风建设”“大力加强人文素质和科学精神教育”“精心组织校园文化活动”等方式，以此提高高校管理的水平。

第二节　高校校园行为文化建设的主要载体

一、学术文化

学术文化是校园行为文化建设的主体内容，也是校园行为文化建设的核心，是高校生产力发展的催化剂，体现着一个学校的学术特色，反映着一个学校的学术水平。学术文化建设主要包括学术质量建设、学术环境建设、学术道德建设和学术民主建设等内容。

具体地讲，学术质量建设要明确“质量第一”的观念，坚持学术为公的态度，树立正确的科技价值观。要坚持以人为本，鼓励自由探索和原始性创新，敢于标新立异，努力发挥植根于团队协作中的个人创造潜能，促使个体攀登世界科学高峰；要遵循科技发展规律，规范创新行为，树立良好的科技道德，保证创新活动健康发展，并把树立正确的科技价值观作为创新文化建设的核心。在科技创新实践中建设创新文化，以创新文化促进科技创新。

营造优良的学术文化环境，必须坚持“百花齐放，百家争鸣”的方针，使学术领域有一种自由、民主、富有时代气息的氛围和空间。“双百”方针要求高校，一方面，要把学术问题与政治问题分开，绝不能对学术问题无限“上纲上线”；另一方面，要消除学术领域的官僚主义和霸道作风，反对以“权”压人、以势压人。学术研究需要全社会形成“尊重知识，尊重人才”的氛围，形成一种知人善任、广纳群贤的机制，从而为建设先进文化提供强大的生力军，为经济发展和社会进步提供持久的精神动力和智力支持。

学术道德建设必须坚持“以德治学”，建立严格的学术规范。道德是学术研究的底线，守不住这根底线，就会失去做学问的资格，就会产生学术腐败。“以德治学”就是要诚实严谨，要明确学术事业是对真理和正义的追求，要戒除浮躁、急功近利的心态，要甘于寂寞，经受得起金钱、名利和权力的考验，要始终把鼓励学术创新和促使学术新人的成长看作学术规范所要确保的最根本的东西，要自觉与“伪科学”作斗争，要严格遵守科学的道德规范，弘扬科学精神。

坚持学术民主，就要鼓励自由探索，形成浓厚的、宽松的学术氛围。在学术面前人人平等，科学面前不分长幼，要进行实事求是的、严密透彻说理的学术批评。这种科学民主精神在学术科研活动中的深化和发扬，最终会形成学术文化的历史传统，滋养一代又一代的人才。

学术文化建设是高校校园行为文化建设的重要任务。学术文化建设，一方面，要从开展专题学术讲座、开展读书研究、鼓励学生创办校内刊物等三个方面狠下功夫，建设具有自己特色的校园学术文化；另一方面，要求广大师生提高学术质量、营造学术氛围、坚持学术道德和讲究学术民主。

二、科技艺术文化

科技艺术文化包括组织学生参加全国大学生数学建模竞赛、电子设计大赛、“挑战杯”创业设计大赛、课外学术科技作品竞赛等科技活动。高校通过开展形式多样的“校园艺术文化节”活动，将文化素质教育渗透于校园文化艺术活动中，使大学生从中受到教育与熏陶，以提高大学生的文化艺术修养和人文素质，进而提高大学生的文化品位。

科技艺术文化建设要紧紧围绕“科技创新实践活动和人文素质活动”这一主题，以思想教育、学术科技和文艺体育活动为载体，注重思想性和导向性，体现示范性和群众性，提高创新性和实效性，扩大校园文化活动的覆盖面，提高目标定位，营造以“健康活泼、积极向上、催人奋进”的校园文化氛围为目标，提高广大师生的科技创新能力和实践能力，以促进校园文化活动的全面开展。

现在，各个高校的科技艺术文化建设正进行得如火如荼，绝大多数高校都已经成立了大学生科技活动中心、大学生计算机技术指导中心和文学艺术创作中心等全校性的大学生活动中心。毫无疑问，校园科技艺术文化对大学生个性的发展、视野的开阔、能力的培养、素质的提高发挥着越来越重要的作用。同时，也进一步丰富了高校校园行为文化，充实了大学生的课余生活，培养了大学生的爱好兴趣，陶冶了大学生的思想情操，提高了大学生的专项技能。

三、阵地文化

为了进一步弘扬主旋律，陶冶师生情操，努力建设和谐校园，营造浓厚的校园文化氛围，高校应积极开展校园阵地文化建设。加强校园阵地文化建设，有利于为广大师生开展活动创造必要的硬件条件，提供必需的基础设施保障。加强校园阵地文化建设，能够弘扬社会主义文化的主旋律，确保先进文化在高校育人阵地中的主导地位。[①]

在学校党委的领导下，学校领导要始终重视阵地文化建设，要坚持以人为本，突出广大师生的主体地位，按照现代人才应具备的能力培养大学生。要坚持全面、协调、可持续发展的教育，培养合格的社会主义现代化建设人才。学校领导要克服建设资金短缺等暂时困难，想方设法、因地制宜地建设校园文化阵地。要充分挖掘校园内部潜力，及时加固、改造、修建全校师生活动中心，充分合理地利用现有资源，努力打造一个崭新的师生文化活动阵地。

四、网络文化

加强高校校园网络建设，建立健全网络管理制度，建立红色网站，抢占思想舆论阵地的制高点，用正确、积极、健康的思想文化占领网络阵地。例如，清华大学的“红色网站”，在全国高校的校园文化建设中所取得的成就是有目共睹的。

第三节　高校校园行为文化建设的实现路径

一、校园行为文化建设的思路

校园行为文化建设是校园文化建设的重要组成部分，必须坚持社会主义方向，必须服务于现代教学制度，必须服务于社会主义建设事业，以保证高校教育功能的实现。在校园行为文化建设中，高校要正确把握校园行为文化的主旋

① 唐雁．新时代高校校园文化建设策略研究[J]．渤海大学学报（哲学社会科学版），2022，44（3）：102-105．

律，采取相应的措施，加强领导、调控和管理，有效抵制资产阶级的人生观、道德观和价值观对大学生的不良影响，以确保积极健康的文化活动在校园中始终占据主体地位。[①]

（一）指导思想

作为校园文化重要组成部分的校园行为文化，要以马克思主义思想为指导，引领先进的文化思想，帮助大学生树立正确的世界观、人生观和价值观。当前，高校要以马克思主义中国化的最新理论成果指导行为文化建设，使大学生坚定马克思主义信念，树立共产主义的远大理想，正确认识社会发展规律，了解国家发展的前途，认清自身社会责任。高校还要引导大学生树立社会主义共同理想，感召大学生把理想和追求自觉融入社会主义建设事业中，为中华民族的伟大复兴而努力奋斗。民族精神和时代精神是一个民族生存和发展的精神力量和信念支持，高校要大力弘扬爱国主义精神，把它作为校园行为文化建设的主旋律，以推动校园文化更快更好地发展。高校还要以社会主义核心价值观为引领，不断满足大学生日益增长的精神文化需求，为推动校园行为文化的发展提供强大的精神动力。

（二）建设目标

高校应该全面贯彻党和国家的教育方针，切实提高教学质量，把思想道德建设放在首位，以形成有利于人才培养的良好校园环境，有效抵御西方敌对势力对我国文化思想的侵蚀，确保社会主义现代化建设所需人才的质量。因此，加强行为文化建设就是要为国家培养合格的社会主义现代化事业的建设者和接班人。高校要以社会主义核心价值观作为校园行为文化的核心标准，并形成具有自身特色的办学育人理念，以优良的校风、教风、学风，营造良好的精神文化氛围。校园行为文化建设要充分构建全员机制，开展各种行为文化活动，以形成良好的行为文化，通过加强学校精神文明建设，提炼学校的校训，注重学校的精神文化的培育。高校还要推行基本道德规范的行为指导，深入进行道德教育、素质教育，以提高大学生的思想道德素质、科学文化素质。

---

① 赵春节. 新时代高校校园文化治理的途径探索[J]. 才智，2023（28）：145-148.

（三）全局规划

校园行为文化建设是一项系统工程，需要诸要素的相互联系、相互作用，共同发挥各层面的作用，从而实现行为文化的提升。首先，学校要进行统计分析，对行为文化建设的现状有全面深入的认识，并指出取得的成绩以及存在的不足，为行为文化建设打下基础。其次，学校要高瞻远瞩、总揽全局，充分发挥管理行为文化、教学行为文化、科研行为文化、文体行为文化的作用，充分协调它们之间的关系，共同促进行为文化建设工作的开展。最后，大学生、教师、管理者、服务人员要充分发挥全员效能，共创共建优质的校园行为文化。在全局规划方案中，管理层要提出远景目标和近景目标，把长远利益和眼前利益有机结合在一起，以体现均衡作用。同时，全局规划方案也要明确各个部门的具体职责和任务，共同促进行为文化建设的大发展。

二、加强校园行为文化环境建设

校园行为文化环境为校园行为文化的健康发展提供良好的氛围，是开展校园行为文化建设工作的重要部分。校园行为文化环境建设包括校园外部环境建设和校园内部环境建设，两者互为促进，共同推动校园行为文化的发展。

（一）校园外部环境建设

校园外部环境建设是影响校园行为文化发展的外部因素，对校园行为文化的发展起着非常重要的作用，城市的经济、文化活动越活跃，信息传递越快速，文化交流就越广泛。

学校周边环境建设既是校园环境建设的外部保障，也是校园行为文化健康发展的外部屏障。随着学校与外界联系的日益紧密，一些不良的社会信息乘虚而入，给大学生的行为带来了消极的影响。如学校周围的网吧、舞厅、台球室等，不但误导大学生的娱乐观、消费观，而且影响学校正常教学秩序的开展。为了给大学生创造一个健康成长的环境，学校应该严格规范大学生的日常行为，对他们进行必要的引导和管理，使他们尽量远离外界的不良文化，免受污浊文化的影响。另外，学校还要向教育主管部门报告周边环境的复杂性，并请求工商及文化部门对校园周边的环境进行综合治理，以保证周边环境的纯净，为大学生的健康成长构建一个良好的外部环境。对于学校周边违禁物品的销售以及非法娱乐项目的经营，学校可以积极地举报，为管理部门的整治活动提供重要的信息。

（二）校园内部环境建设

校园内部环境的构建，为大学生创建了一个文明高雅的生活和学习空间，体现着恬静优雅和治学严谨的主题氛围。大学生生活在其中，就能强烈感受到这种特定的校园文化，使自身的思想、观念、行为受到积极的影响。这种“观景入情”的方式还能给广大师生以潜移默化的文化熏陶。因此，学校要积极改善学习区的条件，提升其现代气息和艺术雅趣，唤起大学生对美好理想的向往，引导他们走向成功。教室要保持整洁、干净、安静、雅致，给人以自然美和艺术美的享受。在这种愉悦的氛围里，教师更加积极地从事教学，学生也乐于主动学习，教学质量和学习效果也都得到了提升。教室的墙壁可张贴名人字画，给人以智慧和人格的启迪，当孤单、失落、倦怠、无助的时候，抬头望去，大学生会被一句句至理名言所激励。实验室要体现科技化和现代化，配备先进的实验仪器，使科研技术跟上科技发展的步伐。图书馆是储存图书、资料、信息的重要场所，是广大师生工作、学习的重要场所，关乎高校的生存发展。高校要加大资金投入力度，建造规模宏大的图书馆，还要构建现代化的图书管理系统，并要保证图书资料的丰富性。总之，学习区要创造治学严谨和知难而上的求学气氛，以激发广大学生的求学热情，形成良好的校园风气。

生活区的行为文化主要体现服务的理念，各类服务人员要爱岗敬业，开展奉献活动，积极主动地帮助广大学生排忧解难，使远离家乡的他们感受到学校的温暖。各后勤部门要重新构建自己的服务理念，提升服务人员的品德素质，规范服务人员的行为，努力塑造学校的服务文化，为校园文化的发展奠定坚实的基础。寝室是大学生重要的活动场所，学校要提高寝室的住宿条件，提升寝室的文化品位，解决大学生的后顾之忧，以保证他们可以安心学习。学校的餐厅，不仅要保证营养丰富、价格优惠，而且要提供一个舒适、愉快的就餐环境，还要保证食物的安全。学校的医院要本着服务学生的理念，不断地提高医疗条件，并营造温馨的就诊环境。娱乐区的建设，要体现生动活泼的气氛，让广大师生更好地融入其中，极大地激发他们的热情。各种文化、艺术、体育活动的开展，不仅是为了充实大学生的业余生活，更重要的是要有一定的挑战性，体现一定的精神理念，比如团结、竞争、友爱等意识。

三、加强校园行为文化全员机制建设

师生员工是校园行为文化建设的主导力量，发挥着至关重要的作用，是校园行为文化建设的根本保证。在加强校园行为文化建设中，无论是反思和研究国内外的经验教训，还是探索和分析新时期校园行为文化工作的内容、方法以及原则，归根结底，都需要全体师生员工的共同努力探索。因此，树立校园行为文化建设的全员意识，加强校园行为文化的教师队伍建设，是加强校园行为文化建设的重要环节之一。①

（一）树立校园行为文化建设的全员意识

校园行为文化建设要树立全员意识，尽可能把各种力量凝聚起来，从而形成一个有机的整体。要依靠广大师生员工的共同参与，强化校园行为文化建设工作。校园行为文化建设需要发挥各方面的作用，并以此形成合力，不断推动校园行为文化的发展。全员意识的树立，还需要明确管理者、教师、学生以及服务人员各处于什么地位，负有什么职责，如何相互配合等。

具体来讲，管理者是校园行为文化建设的领导者，主要职责是组织、监督、支持、发动、领导校园行为文化建设工作，制定校园行为文化建设的总体规划，并组织实施。教师既是文化知识的传播者，又是精神文明的建设者，也是校园行为文化建设的组织者、引导者和创造者，在校园行为文化建设中起着重要的作用。学生是校园行为文化建设的参与者，他们的思想观念、价值取向以及心理活动可能会对校园行为文化建设产生一定的影响，并产生一定的积极意义。服务人员也是校园行为文化建设的成员之一，为学校的正常运作提供基本的物质基础。校园行为文化建设必须要转变传统的思想观念，改变过去那种只把教师和学生作为校园行为文化建设成员的观念，而要树立全员意识，也应把管理者和服务人员纳入校园行为文化的建设队伍中，共同促进校园行为文化更好更快地发展。

---

① 任凯悦．高校校园文化建设与大学生实践能力培养[J]．文化创新比较研究，2023，7（21）：156-160.

（二）加强校园行为文化的队伍建设

管理者要积极整顿官僚主义作风，深化对校园行为文化建设的理解，认真做到真抓实管，并形成有效的监管机制。管理者也要进行广泛的学习，提高自身的综合素质，增强自身的管理能力，把校园行为文化建设工作开展得更富有实效性。管理者的业务管理能力，体现着管理队伍的综合水平，直接影响校园行为文化的建设成效，因此管理者必须与时俱进，不断学习新的理念与知识。加强行为文化队伍建设，要组建校园文化领导小组，由领导小组对具体的工作进行领导以及监督，对出现的问题进行及时解决。为了加强师资队伍的建设，学校要实施人才引进战略，把素质高、能力强的教师引进来，为学校注入新鲜的血液和活力，使师资队伍发挥更大的作用。对于教师，学校一方面要从主观上对他们进行理想信念教育和引导，通过专题讲座、报告、集体学习等，促使他们加强理论和政策学习，提高政治理论和政策修养，树立正确的价值观和职业观，形成良好的职业道德素养；另一方面，要解决他们的物质生活和待遇问题，及时了解他们的工作和生活情况，尽力、尽职地解决好他们的工资、职称以及住房问题，切实改善教学科研条件和物质生活待遇。教师感受到学校的关心和温暖后，会全身心投入工作中，实现自我价值与社会价值的统一。

学生作为校园行为文化建设的一员，应积极开展多种形式的文化活动，这既有利于学生开阔眼界、活跃思维、提升能力，又有利于丰富校园行为文化的内容。学生的积极性是至关重要的，因此学校要充分调动他们的积极性，发挥他们的创造性，给校园行为文化注入新鲜的血液，带来蓬勃的活力。社团是学生参加课外活动的主要方式，因此学校要加强对社团组织的引导，把握社团组织的发展方向，旗帜鲜明地反对社团活动中出现的不健康内容，弘扬社会主义的主旋律，用高品位、高格调的校园文化充实学生的生活空间。

服务人员也是校园行为文化建设的重要力量，学校要充分尊重服务人员的生活习惯以及生活爱好，这样才能得到服务人员的认可，才能真正地争取他们的主动参与，尽可能避免工作流于形式，取得良好的效果。服务人员要树立服务理念，认识到自己所从事工作的服务性质，提升服务素养，改善服务态度。

四、加强校园行为文化特色建设

当前，校园行为文化建设的内容广泛，既涉及科研、创作等学术方面，也涉及文艺、体育等娱乐方面，呈现出多层次、多形态的特点。但是，为了更好地促进校园行为文化的发展，高校要根据历史传统和自身特点，深入发掘适宜的特色建设，拓展校园行为文化建设的渠道，打造特色鲜明的、高品位的校园行为文化。

（一）打造特色鲜明的校园行为文化

构建特色鲜明的校园行为文化，高校要充分发挥自身的办学特色，努力塑造学校形象，增强学校的竞争力；要凝聚广大师生的爱校之心，充分调动他们的积极性，发挥他们的创造性，为校园行为文化建设奉献自己的一分力量。在教学行为文化建设方面，高校要根据自身的渊源和传统历史，开办具有特色的学科，打造自己的优势，并将各学科的特色融入校园行为文化建设之中，营造出浓厚的文化专业氛围。专业的开设要与社会需要紧密联系，适应社会发展的需要，具有地方特色、良好发展前景和社会效益，能够培育和形成具有鲜明地方特色的专业群，进而使学科专业发展与地方经济形成良好的互动，在服务地方经济的基础上提高专业办学特色，增强专业市场竞争力和吸引力。各学科带头人也要提高对特色文化理念的认识，本着“走出去、请进来”的原则，积极开展广泛的特色文化交流，实现资源的共享，拓宽校园特色文化的渠道。学校组织的文化活动要突出特色理念，以彰显其鲜明的特色。文科类高校应当发挥自身的特色，举办“读书论坛”“读报知识竞赛”“诗歌朗诵”等活动，促进校园文化的交流。理工科类高校则通过举办“技能竞赛”“科技节”“挑战杯”等活动，以激发大学生的参与热情，促进他们实践能力的提高。

传统的校园行为文化载体已不能满足发展的需要，微博、威客的出现给校园行为文化的发展提供了新的载体，同时也体现了时代的鲜明特色。微博是一个信息即时分享的平台，用户可以通过手机、掌上电脑等设备对文字信息进行及时更新，这种特色的信息传播渠道受到了广大学生的热烈欢迎。高校要充分利用这一特色渠道，把学校重大事件、重大活动通过微博发布，既保证了信息的及时性，又保证了鲜明的特色性，使大学生更容易接受。学校还要对微博的内容进行特色设计，让大学生感到新颖、时尚，并与大学生形成一个互动的平台，进行广泛的交流，这样更加有利于学校各项工作的开展。威客是指那些通过互联网把自己的智慧、知识、能力、经验转换成实际收益的人，他们不仅帮助了别人，还实现了自己的经济价值，获得了劳动报酬。威客作为一种独具特色的方式，在解决实际问题时发挥着积极的作用，改变着传统的解决问题的模式，给人们的思维方式以及行为方式带来一定的积极影响。威客的出现，给校园行为文化建设工作带来了一定的便利，同时也提供了解决问题的快捷途径。大学生遇到一些棘手的问题时，还可以求助于威客，这也是一种时尚、前沿的体验。

（二）构建高品位的校园行为文化

当前，有些管理者没有给予校园行为文化足够的重视，有些教师和学生也对其缺乏足够的关注，最终导致校园行为文化活动处于一种缺乏有效组织和管理的状态。有时候，为了应付一时之需，校园师生往往一拥而上，这样的效果也是不言而喻的，更谈不上品位了。管理者要充分发挥主导意识，把校园行为文化活动列入学校工作的议程事项，并制定校园行为文化发展的总体规划，使校园行为文化建设更具长远性。管理者还要提高重视程度，按照校园文化活动的发展规划，自觉地履行管理与监督职责，并对校园文化活动进行积极引导，使大学生由被动参与转为主动参与。广大师生也要增强对校园文化活动的认识，并自发参与其中，使行为文化建设更具实效性。校园行为文化的品位建设，需要广大师生的共同努力，只有师生主动、自发地参与，才能推动更高层次校园文化活动的积极开展。

为了适应发展的需要，校园文化活动应该逐渐改变单一的娱乐形式，向着多功能的方向发展，发挥积极的引导作用。多种形式的行为文化活动可以相互补充，取长补短，彰显品位，可以说单一的形式是乏味低级的表现，而多种形式是高层次的体现。课堂教学作为传统的教学形式，发挥着积极的主导作用，而第二课堂的地位和作用也是不可忽视的。在课堂教学之外，高校要开展高品位的行为文化活动，既丰富了业余生活，又扩展了知识、开阔了视野，提高了广大师生的综合素质。高品位文化的构建，不在于某一层面或某一方面的不同，而是着眼于全局规划，使其形成立体化的格局。

五、加强校园行为文化的开放性建设

校园行为文化作为一种先进的文化，开展积极的交流活动是其发展的基本要求，不能忽视。当前，有些高校对校园文化交流保持谨慎的态度，显得有些保守；还有一些高校存在着严重的经费短缺问题，使得交流的活动显得力不从心。在多种原因的共同影响下，校园行为文化交流得不够充分，发展的步伐缓慢。在校园行为文化建设过程中，高校要具有世界的眼光和战略的思维，主动与国内外的高校增进联系，真正实现校园行为文化的畅通交流。

（一）加强国内高校之间的交流

校园行为文化建设，需要通过广泛的交流学习以适应不断发展的需要。当前，有些高校通过邀请外校的知名教授做学术报告，让广大师生积极地参与其中，以便有所收获；也有些高校组织年轻骨干教师到外校考察学习，以吸取外校校园文化的精华，为本校的校园行为文化发展作出贡献；还有些高校通过开展学生间的交流活动，增进彼此间的文化交流，从而促进互相取长补短，共同进步。这些交流活动在一定程度上促进了校园行为文化的进步，但是由于交流形式单一，交流渠道狭窄，交流内容不够深入，也给校园行为文化的发展带来了一定的不利影响。

为了推动校园行为文化的高质量发展，高校必须加强交流活动的广度和深度，更好地体现交流的实效性。交流活动不仅在教师和学生之间展开，还要在职工人员之间展开，因为职工人员也是校园行为文化建设的一员，发挥着积极的主导作用，他们素质及能力的高低直接影响到校园行为文化建设的好坏。高校在邀请教授来校作学术报告时，应积极创造互动的机会，让演讲人和听众之间形成广泛的交流，从而更有力地促进交流成果的实现。在作学术报告时，演讲人要理论联系实际，尽可能地给予实例证明，从而引起听众的共鸣，使演讲效果更加明显。教师参加学术交流活动后，应该积极开展学术汇报会，让广大教师积极地参与研讨，这样会产生更好的效果。学校在组织学生与外校开展活动时，教师不要进行过多的干涉，而是充分调动学生的积极性，发挥他们的创造性，给他们一个充分展现的舞台。教师要引导学生树立竞争意识、合作意识，更好地调动他们的积极性，指引他们走向成功。

（二）加强与国外高校的直接交流

与国外高校的直接交流是一种基本的交流形式，可以促进校园行为文化的发展，但也存在一定的局限性。因此，要加强与国外高校之间的直接交流。高校要积极改变形式主义的作风，认真探索文化交流的新形式，深入外国校园文化生活，把握文化交流的实质。在与国外高校进行交流活动时，高校应尽量组织对校园行为文化有一定研究的年轻教师参加，给他们更多的考察学习机会，要摒弃那种论资排辈的陋习。出国考察学习，是为了更好地学习国外高校的优秀经验，而不是为了出国旅游观光。当然，眼光不能只停留在对方的优势上，也要善于发现对方的劣势，并与本校的校园行为文化进行积极对比，以便取长补短，避免走弯路。考察结束后，每个成员都积极探讨学习的成果，并分析背后的原因，才能更好地联系本校的实际情况，提出具有建设性的意见，为校园行为文化的发展提供理论指导。

校园文化联谊活动要积极地走近外国学生，通过对外国学生生活方式以及思维方式的了解，加深对外国校园行为文化的认识和理解，进而对本国校园行为文化的发展提供一定的启示。国外学生的世界观、价值观不同于国内学生，可能会对国内学生产生一定的影响，教师只需要在适宜的时候给予一些正确引导，而不需要进行过多的约束和限制，否则的话，联谊活动的效果就会大打折扣。高校还要积极宣传办校理念、专业特色以及文化精神，吸引更多的外国学生来此留学，进一步扩大留学教育的规模。高校对于留学生这一特殊小团体的文化，要给予充分的尊重与理解，并要进行适当的引导，使国外先进的校园文化能大放异彩。不同的文化背景、不同的思维习惯、不同的行为方式交织在一起，可能引发文化及思维的碰撞与交流，有助于校园文化思想观念的开放，并给校园行为文化建设工作带来一定的启示。

第五章

高校校园物质文化建设

第一节　高校校园物质文化的内涵与特征

一、高校校园物质文化的内涵

高校的物质文化环境氛围在一定程度上影响着人们对高校的认识和情感。当学生第一次踏进一所高校，就会被它的建筑所吸引；当学生毕业时，会深深想念校园里的一草一木。高校的物质设施是高校校园物质文化的载体，是高校师生教育学习的空间基础。高校的各项活动都是在相应的物质设施上完成的，高校的每项基础设施都承载着相应的功能并体现着文化意蕴。那么究竟什么是高校物质文化呢？

高校校园物质文化是高校文化的空间物质形态，是高校精神文化的物质载体。校园物质文化有两种主要表现形式：一是学校环境文化，包括学校的总体结构和布局、校园绿化和美化、具有教育意义的教育和教学场所等；二是设施文化，包括教学仪器、图书、实验设备、办公设备和后勤保障设施等。

高校校园物质文化是高校文化的有形部分。它是指高校内看得见、摸得着的物化的文化形态，是学校文化的“外壳”，奠定了学校文化存在和发展的物质基础；同时，它又是高校文化“内核”的载体，体现着一定的价值目标、审美意向等，是富有教育内涵的人文环境。校园物质文化是学校内人的对象化活动的结果。一方面，人是物质文化的创造者、改造者，使自己所处的物质环境打上种种思想观念的烙印；另一方面，人又是物质文化的受用者，让自己在特定的物质环境中得到熏陶。因此，从某种意义上说，校园物质文化是学校成员智慧、力量、集体感的象征，可以使学生在不知不觉中自然而然地受到熏陶、启发，从而实现学校文化的育人功能。

具体来讲，高校校园物质文化主要是通过校园环境的创设而发挥它的育人效应。校园环境是大学生成长、发展的微观环境，也是学校教育、教学活动能够顺利开展的重要条件。所谓校园环境，是指围绕在学校成员周围的一切事物的总和，也可以说是学校所有外界力量对大学生作用的总和。高校校园环境由学校物质环境和心理环境两部分构成，前者指能够使学校教育、教学活动得以顺利进行，或者得以深化教育影响的外部条件，譬如学校地理位置、学校建筑、学校布局、学校绿化等；后者指为实现教育目标，完善学校管理职能，提高学校教育、教学管理工作效率的内部条件，包括个人心理环境和社会心理环境等。物理环境是高校文化的载体，也是心理环境发挥作用的基础；心理环境是学校文化的核心内容，是学校师生积淀于内心观念形态的环境，是大学生个性化和社会化的培养基地。这两种环境之间相互作用、相互影响，从而构成一个完整的学校环境。我们在此论及的高校物质环境文化主要包括以下内容。

（一）高校地理环境

学校地理环境的优劣，是评价学校物质环境好坏的一个重要方面。因此，在学校物质环境的诸因素中，校址的选择是一个重要的因素。古今中外的教育家都十分重视教育环境的选择，我国历代教育家都十分重视以自然山水陶冶弟子的情操，与此相应，形成了重视学校环境美的传统。在西方，欧洲古老的大学也十分重视学校地理位置的选择，这与中国高校的建设是相通的。近年来，随着我国各大城市的急速发展扩大，以往高校的所在位置有很多都发展成闹市区，这就不再适合大学生的成长。部分地区开始在城市周边建立大学城，这些大学城既可以让大学生的生活远离城区的喧闹，又可以形成自己的发展空间，建造一个更适合大学生成长的物质文化空间。

在改革开放的现代社会，我们并不提倡营造一个封闭的、与世隔绝的“世外桃源”，但我们也不允许社会上的污泥浊水在校园中肆意泛滥，这就更需要我们积极创设一个良好的育人环境，以确保人才培养的有效性。在此，学校周边环境的优化与净化，就成为一个重要的内容。

（二）高校校园内建设的规划和布局

在高校校园物质文化环境的建设中，学校选址固然是很重要的一环，但学校内部的统一规划和布局更为重要，这是建设良好物质环境的重要步骤。学校内部规划和布局是一项系统工程，既要反映学校的整体风貌，又要考虑教学生活的便利；既要有利于学校的统一管理，又要使各个部分相互协调，发挥其最大效用……而这一切又都必须体现环境育人的宗旨。

因此，学校内部的规划和布局要遵循一定的规律，在总体设计上要符合"使用方便、流向合理、减少拥挤、避免干扰、节约时间、提高效率"的原则。具体来说，校园规划和布局要创造出治学严谨的学习环境、生动活泼的文化环境、清洁卫生的生活环境、幽静宜人的自然环境。在进行学校建筑的设计时应体现以下原则：①尊重历史，重视文脉；②注意校园建筑的整体和谐；③风格朴实，功能合理。

（三）高校校园的绿化和净化

优美的校园环境能给人以美的享受。校园树木葱茏，花红叶绿，草坪如茵，整洁卫生，空气清新，舒适优雅，可以对大学生起到安定情绪、启迪思想、陶冶情操、净化心灵的作用。

校园绿化和园林景物布置是学校总体规划的重要组成部分，在设计总体规划布局时，就应该综合考虑，同时设计，同时施工。校园的美感不仅体现在建筑物上，同时也体现在景点、园林及绿化等方面。建筑物是否具有美感，与景点、园林、绿化的衬托密切相关，从而直接影响整个校园的美感。各类学校都有自己的特点，绿化、景观等应结合当地实际，反映本地区的特点。但基本要求是讲究协调平衡与变化多样的统一，还要讲究点、线、面的结合，点要幽雅，线要整齐，面要宽敞。

校园净化主要是指清除垃圾杂物，降低噪声，做好环境卫生工作，使校园整齐、清洁、安静。

（四）高校校园中的人文景观

高校校园物质环境建设最根本的目的就是寓情于环境之中，寓教育于景物之中。在物质环境建设中固然要着眼于自然、物质，但在学校这一场所要求必须赋予自然、物质以人文因素，亦即教育的期望和意图。特别要注意利用和创设一些校园人文景观，以强化学校文化的教育作用。这主要体现在充分挖掘、利用学校已有的人文景观发挥独特的教育作用上。高校应积极创设学校人文景观，赋予其深刻的教育意义，巧借自然之物，达成教育之目的。

（五）高校文化传播设施

高校物质文化建设不仅要注重校园物质环境的改造和创新，而且应重视各种文化设施的建立与健全。文化设施是任何文化建设都不可或缺的组成部分，是文化传播的物质载体。它对高校师生员工思想观念、行为的形成同样起着不可估量的作用。尤其是在信息传播迅速的今天，学生不仅可以在课堂上、从书本中接收对他们产生影响的教育信息，而且可以在课堂以外的其他多种活动中、从各种传播媒介中接收许多对他们具有教育意义的信息。高校文化传播设施既包括电视、广播、报纸、杂志等传媒工具，也包括图书馆、演讲厅等活动场所。

高校校园物质文化的内容非常广泛，并且各自具有不同的作用。优良的高校校园物质文化氛围，既是情感的升华剂，又是无形的约束力，对身在其中的大学生的身心健康发展产生着巨大的影响。[①]

二、高校校园物质文化的特征

高校校园物质文化是高校校园文化的物质形态的体现，可以满足高校成员的实用需求，由高校成员创造并作用于高校成员，体现着高校成员的精神面貌和精神需求，以及审美情趣和价值观，蕴含着高校的教育办学理念与追求，体现着高校校园文化中的精髓和灵魂。

高校校园物质文化具有以下特征。

---

① 张慧．社会主义核心价值观引领的高校校园文化建设路径探析[J]．文化创新比较研究，2023，7（20）：151-156.

（一）传承性

万事万物都不是孤立存在的，都有着千丝万缕的联系，相互依存。高校校园物质文化具有历史传承的特点，把当今文化同历史联系起来，这也是高校校园文化的传承性特征。

在高校校园物质文化中，没有文化的传承就如同楼房没有基础。每一所高校在发展过程中都积淀了一定的校园物质文化传统，如富有个性的校园主楼就是在高校发展的过程中逐步更新改进，逐步实现适应该所学校发展的专属形式，是这所高校区别于其他高校独特的精神标志，为师生努力拼搏、开拓进取提供了有力的精神源泉。

（二）卓越性

校园建筑是诞生科学的承载体，是教学过程中的主导，是教育的实践之地，理应成为改革开放中人才供应的主体。当今的大学生，毋庸置疑地成为日后国家发展的中坚力量和各行各业的骨干精英，也必然成为校园物质文化建设的主体，这就决定了校园物质文化的建设具有较高的文化层次和道德品质。

（三）承载性

校园物质文化的承载性主要是指高校在日常的教学科研活动中形成的一种本校特有的文化氛围，这种文化氛围以校园物质文化为载体，通过校园物质文化向四面八方辐射，使身在其中的广大师生受到感染和熏陶。由于高校的日常生活会使一些特定的区域、建筑、雕塑具有一些精神意涵，使人一旦身处其中就会产生热爱学习、刻苦钻研、勇于拼搏等精神，这些物质就形成了一种文化的代表，对文化就有了承载的意义，也就具有了承载性。

（四）地域性

校园物质文化会因为所处的自然社会环境不同而不同。首先，人文文化是基于当地的客观条件而产生的，物质文化是人文文化的一部分，也应该顺应地方的风格。其次，校园物质文化的产生是基于当地的周边社会环境和人的智慧产生的，与当地文化一脉相承。每个地区都有其独到的特色，高校作为文化高地，需充分地融入周围的环境当中。每个地区的校园物质文化都包含当地特有的风格，各高校都应根据地域环境塑造校园物质文化。

第二节　高校校园物质文化建设的管理分析

一、高校校园物质文化建设的原则

（一）方向性原则

高校校园物质文化建设要牢牢把握先进文化的前进方向，坚持以习近平新时代中国特色社会主义思想为指导，体现时代特征，建设先进的现代校园思想文化。面对世界多元文化的冲突，高校应大力弘扬中华民族以爱国主义为核心的团结统一、爱好和平、勤劳勇敢、自强不息的伟大民族精神，开展健康有益的文化活动，不断丰富学校全体成员的精神世界，增强他们的精神力量。

（二）系统性原则

系统性原则是指高校校园物质文化建设是一个系统性的工程，分为很多方面。这些方面各显其能，使高校校园物质文化的功能得到充分发挥。高校校园物质文化是一个整体，包括教学楼、图书馆、师生生活区、高校景观等。教学楼，或者是教学主楼，是高校校园物质文化的标志，是整个校园的“中心思想”，以其独特的风格影响着师生的日常生活。图书馆是一所高校实力的见证，师生在图书馆学习营造出的学习氛围对高校的文化建设具有重要作用。生活区作为课外生活的一个写照，是对教学区和图书馆以外生活的一种总结。快节奏、高效率的学校生活，让奔走于图书馆、寝室、食堂“三点一线”的高校师生将这些独立的场所“系统”地连接起来。还有很多高校元素，它们都在“系统”中扮演着各自的角色。

坚持高校校园物质文化建设的系统性原则，就是要求在建设高校校园物质文化时，在高校领导的统一指挥下，整体构思，统筹规划，全盘考虑，科学布局，突出重点，努力将高校校园物质文化建设推向一个新的高度。

（三）主体性原则

人是社会的主体，任何社会的发展都无法离开人的决策。高校校园物质文化建设同样也需要人做发展的推手，除了高校领导，起主导作用的人就是广大师生。主体性原则就是要充分利用和调动广大师生的爱校热情，激发他们内心的创造潜质，让广大师生对高校校园物质文化建设起到关键作用，使其思想渗透到高校建设的灵魂之中，从而形成高校的特色文化。

首先，发挥高校领导的首创精神。高校的领导是高校行动的直接参与者、任务决策者、命令下达者，是最直接、最了解高校情况的人。高校的领导所思考的层面往往要高于一般人，他们会从整体且全面的角度考虑问题，会将问题放到战略的层面去分析。高校的领导第一个对高校校园物质文化建设提出意见，有助于更好地引导其他人为高校校园物质文化建设献计献策，更有助于提高整体建设效率。发扬高校领导的首创精神，能在行动上起到表率作用，更有助于鼓舞全校师生在高校校园物质文化建设上充分发挥自己的作用。

其次，激发大学生在高校校园物质文化建设中的创新精神。大学生是高校教育的接受者，同时也是高校的中坚力量。青年人思维敏捷，头脑灵活，具有极强的创造力，能快速接受新事物，果断否定消极事物，并且具有很高的群体意识。在高校校园物质文化建设中，高校应该充分重视大学生的创造能力，挖掘大学生的创造潜能，让大学生自发地投入到高校物质文化建设中去，在实践中学习创造，通过现有环境的熏陶感染，进行再学习、再创造，并把创造的成果运用到高校校园物质文化建设当中去。

最后，最大限度地激发高校教师的创新热情。高校教师是高校灵魂的缔造者，是高校文化的继承者和传播者，也是高校的主人。高校教师都是才华横溢、知识广博的学者，他们判断准确、经验丰富、见多识广，而且有着很高的道德情操，这些对于高校校园物质文化建设都是极其重要的。

（四）创新性原则

创新是一个民族进步的灵魂，是一个国家兴旺发达的不竭动力。只有不断创新，国家和民族才更具生命力。创新性原则要求高校在深刻把握社会发展形势的前提下，从自身出发，结合时代特征，创新内容和形式，不断提高高校校园物质文化的发展潜力。

高校校园物质文化建设的生命力在于创新，高校只有结合自身的特点，吸收其他高校的长处，不断推陈出新，才能拥有不朽的生命力。高校一方面要调动广大师生的力量，充分发挥师生的创造意识，让他们将自己的学问用在高校建设中，形成有创新氛围的校园环境。另一方面，高校校园物质文化建设的主体也要不断创新思维，对于高校特色校园物质文化建设要听取多方面的意见，不能局限于专业性思维，非专业性思维有时也具有一定的创造性，要广开言路，集思广益，以利吸纳更多的具有特色的创意。

总的来讲，无论哪种创新最终都要向“育人”的目标过渡，最大限度地为培育优秀合格的社会人才服务。高校特色校园物质文化建设要不断地适应新形势的变化，结合自身情况进行新的调整。高校文明是社会的先驱，在自身创新的同时，也要注意对社会的影响。此外，高校创新也要结合自己的历史传统，在保护优秀传统文化的同时，进一步研究思考，赋予这些传统文化以新的意义，让其焕发活力。

（五）开放性原则

开放性原则要求高校特色校园物质文化建设不能在一个封闭的环境中进行，而应在一个开放的环境中进行。

国外很多高校对于校园物质文化建设积累了不少经验，因此我们可以引进国外成功经验，因地制宜，取其精华，推进校园物质文化建设。国外许多著名的高校校园建筑设计具有鲜明的特色，除在建筑的设计上创新以外，还会借鉴其他民族的建筑风格。高校建筑在本质上是一种文化的反映，折射出高校的特色和办学理念。在吸收外来建筑风格的时候，核心的价值理念是本民族的文化。现代建筑的各种式样既丰富了校园环境建设的内容，也增加了建筑样式选择的难度。一般情况下，高校都在努力发掘传统文化，其标志性的建筑都是传统文化的反映，例如，北京大学的校门、清华大学的校门。但也有一些高校在现代建筑艺术发展过程中，大胆地采用国外的建筑风格，为我所用。

二、高校校园物质文化建设的思路

（一）加大高校校园物质文化的经济投入

高校校园物质文化建设的经济投入存在两方面的问题：一方面是经济投入不足，另一方面是投入的分配比例不合理。加大经济投入，对经济投入进行合理分配，一定会使高校校园物质文化建设产生变化，具体可从两方面着手。

一方面是提高整体性的经济投入，加大对几个主体项目的投入力度：一是高校校园物质文化的特色项目，其设计费用和建设费用都应该有所提高；二是为了更好地开展科研、教学，打造“校园科技风景线”，建设完善各种教学设施，相应经费应该提高；三是校园绿化投入的经费需要加大，个性化建设投入增加，具有感染力的项目投入增加，将校园绿化作为重点经济投入对象，增加适合本地生长的植被购买经费，将校园园林化、公园化。

另一方面就是加大特定的高校校园物质文化建设的预算。例如，修建具有本校特色的雕塑、建筑等，单独拨出专门经费，专款专用，形成针对性强的资金投入。建设完毕后，及时对各个方面做出总结，找出大学生的学习成绩、高校的科研业绩和大学生的就业率与经费投入之间的关系。

（二）完善高校校园物质文化建设的部署规划

对于高校校园物质文化建设的规划和设计两个方面的问题，提出以下几种解决方案。①

对于高校校园物质文化建设的规划问题：一是高校应该经常组织人员走访国内其他高校，交流学习特色物质文化建设经验，同时也要组织人员到国外知名高校参观交流；对于国外独特新颖的建筑，要及时做跟踪记录。建筑投入使用后，要对该校学生科研就业等情况进行系统分析，找出内在联系，并及时将最新信息传到网上，以便业内更好地交流。二是高校的领导也要积极学习建设规划的相关知识，只有丰富了相关知识、开阔了眼界，才能更好地领导特色物质文化建设。高校的领导应该高度重视高校校园物质文化建设，并在会议中进

① 于成文．加强大学校园文化建设持续推动高等教育内涵式发展[J]．北京教育：德育，2023（9）：9-12.

行充分讨论，选出经验丰富的领导专门负责。三是高校要与当地政府部门保持密切联系，时刻把握周边建设情况，以便对本校做出相应的调整。高校应该每月关注校园周边变化，提前了解市政区域规划信息，以便在校园规划设计上做出回应，尽快制定适合校园周边的建设方案。

对于高校校园物质文化建设的设计问题，一是领导要高度重视设计的实用性和其具有的美学意义。建筑的美学意义在于有利于思想的传播，实用性强的建筑也会给人更多的亲密感，这些都应该被高校的决策者重视起来。二是组织本校基建部门和设计部门，研究学习本校校园物质文化发展史，从历史的角度出发，找出可以借鉴的特色物质文化。本校的历史是本校发展方向的重要依据，仔细研究本校历史，从中找出本校发展建设规律，并从权威的角度仔细研究。三是在建设之初，多招募一些国内外优秀的设计团队，为本校的物质文化建设提供技术借鉴。现代优秀的设计师通常都会考虑人的感受，明确人在建筑中起主要作用、扮演主要角色。其设计会充分地展现建筑中的人文关怀以及在日后生活中人的感受。四是高校可以搜寻国内外的优秀设计案例，尤其是近期的古建筑改造成功案例和节能环保型设计案例。改造的经典案例是最值得学习的。变废为宝不仅能够解决建筑资源和土地资源问题，而且能够在人们心中树立起节约的理念。

（三）加大高校特色校园物质文化建设必要性的社会宣传力度

加大高校校园物质文化建设必要性的社会宣传，就是要向公众展示其具有的“正能量”。具体来讲，要做到以下四点：一是充分展示现有的高校校园物质文化，加大对外宣传力度，使更多的人认识本校；二是狠抓教学和科研，通过真实的成绩来吸引公众，使之关注高校；三是利用媒体等通信手段宣传高校已有的特色物质文化和未来几年的建设目标，虚心向社会采纳建设意见，进而赢得关注；四是加强本校的思想政治教育工作，用各种方式让本校师生和社会公众在思想上对本校认可，间接为高校做宣传。

除了必要的宣传，还要及时控制来自社会的负面影响。一是要控制商业化。要限制高校内商业承包经营，通过政府调控，统一制定校园物价，限制高校内的商业宣传活动。高校领导要高度重视高校周边的商业行为，对于不适当的经营要联合执法部门给予取缔。针对商业化对大学生成长造成的危害，要对大学生做心理辅导，让大学生认清当下最应该做什么、如何正确地规划自己的人生，以及什么是真正的商业等。二是处理好高校盲目跟风扩建的问题，政府应出台相关政策控制高校在扩建上的经费支出。政府制定合理的高校扩建政策，并且制定科学的高校土地使用规范。三是有效地消除评级制度对高校校园物质文化建设带来的负面影响。政府要重点调整评级制度，调整经费的划拨制度，使其与硬件指标关联相对较少。要让大学生在思想上认识到本校的核心竞争力是什么，哪些才是真正的有价值的，哪些只是虚名，从而对大学生的价值观进行正确的引导。

另外，政府应多制定一些权威的评级标准（如绩效评级、就业率评级等），使经费划拨制度有多个标准可以参考。为了使高校的建设更为科学，要适当引进社会力量参与评级。

第三节 高校校园物质文化建设的实现路径

一、从校园物质优化层面加强高校校园物质文化建设

（一）建造高校多元物质文化宁静胜地

高校校园物质文化是高校校园文化的基础与外在表现，在育人方面发挥着十分重要的作用。高校校园物质文化作为最直接影响大学生身心发展的文化，应该做到以有形的存在发挥无形的价值。主要包括如图书馆、宿舍、教学楼、体育馆等建筑物以及大楼中的各种硬件装备和设施，如体育馆的运动设施、实验室里的各种仪器等，还有校园内所有建筑所体现出的一种文化底蕴。这是一种外延性的能够代表高校精神的象征，如肖东发笔下北京大学的燕南园就足以见证北大经久不衰的历史沉淀。

建设现代高校既需要大师也需要物质文化建设，这不仅是现代社会发展的需要、构建和谐校园的需要，也是培育高素质人才的需要。物质文化建设代表着现代高校的硬件体系，是高校存在的重要物质力量，因此必须加强高校的物质文化建设。同时，高校的物质文化建设应该尽可能地符合一所高校的历史特

征与人文情怀，形成自己的文化传统并传承下去。

具体从生态物质的角度来看，高校校园物质文化要遵循一定的生态规律，保持高校内部生态系统的稳定与和谐，合理美化校园，合理配置校内资源，充分利用现有资源，避免美化过度，从而塑造简洁大方、曲径通幽的宜人校园。从学校硬件设施来看，高校要实现真正的现代化，就要努力实施技术更新和创新，适当增加投入比重，并加强教师对硬件设备的及时学习与管理。从景点建设来看，不管是山形水系还是草坪植被，都应当立足于本校的历史发展、传统文化，重视标志性建筑或者标志性景观的建设，使大学生一踏入校园就有一种历史的积淀与厚重之感。高校校园物质文化不是不着边际地盲目创建，亦不是死气沉沉地循规蹈矩，而应当在规划和建设上独具匠心，使校园充满艺术的气息。只有这样，才能激发大学生的创造活力，使高校校园焕发勃勃生机。

高校校园物质文化的建设，还应促进高校校园制度文化、行为文化、精神文化的协调发展。

从高校校园行为文化来看，高校校园文化建设离不开行为活动的实践。丰富多彩的行为文化不仅丰富了大学生的学习生活，而且也反映着时代精神。校园行为文化应该充分开展主题多样的课堂活动、节日活动、纪念活动等，以利于调整大学生们的学习、生活节奏，使其放松身心。此外，高校要充分利用校内资源开发活动空间，严格管理行为文化，形式上要力求突破，使之更有意义和价值。

从高校校园制度文化来看，首先，要做到有的放矢，无论是高校领导制度、教育评价制度、组织人事制度还是工资分配制度等都要透明并能发挥正向激励作用。其次，制度要有针对性和可操作性，不能脱离人而片面存在，要与时俱进，切实根据客观条件的变化而及时更改。最后，高校应该不断完善日常的规章制度，要做到科学性和历史性的统一，这是高校日常运行最基本的保障。同时，高校应该实行民主的管理制度，加强民主建设，建立相应的监督机制。高校要充分体现大学生的主体性，重视人性化的管理，以彰显深厚的人文关怀。

从高校校园精神文化来看，需要体现出一定的价值取向，体现出以社会主义核心价值观为基础的高校人文精神和科学的批判精神。高校校园精神文化在潜移默化中影响成员的价值观念，要树立优良的校风、教风和学风，以及处理好传统和现代的关系，坚持继承和发扬中华优秀传统文化；要处理好思想政治教育与高校校园精神文化的关系，大力加强德育文化建设，从而推动高校精神文化健康发展。

（二）植根中华民族传统文化优良土壤

高校校园物质文化不是一个孤立的存在，而是一个不断变化发展的存在。这也就是说，高校校园物质文化的建设离不开文化本身的不断丰富、不断扬弃。在我国，大众文化和市场经济的发展同步兴起，市场经济和传媒的发展为大众文化的产生和发展奠定了良好的物质基础。大众文化触及社会生活的方方面面，大学生拥有最鲜活的思想、敏锐的洞察力以及超前的品位，他们在追求万事万物的新鲜感，希望永葆青春的时尚与风采，成为大众文化首要的追求者，而大众文化也对当代大学生的思想观念、审美意识、行为方式等产生了深刻的影响。大众文化对大学生的影响有着积极的一面，它拓展了高校的人文教育范围，使大学生的生活变得丰富多彩，但是大众文化对高校校园和大学生群体也有消极影响。因此，不管是何种形式的文化，其蕴含的核心价值观都从根本上规制着文化的基本属性，即文化的意识形态属性。也就是说，意识形态属性影响了文化的发展方向及创造，而文化又对意识形态的生成和建构具有反作用。由此，高校校园物质文化的建设需要良好的意识形态进行有效推动，社会主义核心价值观无疑是现阶段融入高校校园物质文化建设中的核心力量。

社会主义核心价值观是社会主义意识形态的本质体现，只有将它作为主导力量占领校园文化阵地，才能够使大学生树立正确的世界观、人生观和价值观。但是，社会主义核心价值观并不是简单的口号，也不是简单的词语堆叠，而是潜藏在文字背后的中华民族优秀的文化历史与传统。中华优秀传统文化从广义上来说就是曾经在历史上产生过重要价值的文化，就是有利于人类社会不断前进的文化，包括物质文化遗产、自然科学成果以及诸多文化遗址等。当然，民族传统中的手工艺、民族器乐、美术等也是历史给我们留下的宝贵遗产。中华优秀传统文化之精华在于宇宙人生观、道德伦理观以及核心价值观等具有丰富内涵的思想观念，高校就是要将中华优秀传统文化植根在大学生心中。

从文化人类学和教育人类学的角度来看，文化传承是指文化从上一代传到下一代的过程，既包括一些技能和技巧的传承，也包括体能和生理因素的影响。在高校校园中，师生也只有通过文化传承，通过具体的文化实践才能使自身的道德与意志、体能与智力得以全面发展。文化传承的过程中不仅有传统的实质教育，即将知识传授给大学生，而且也有素质教育，也就是要把传播知识当作培养人的手段，而且文化传承的过程中需要一定的媒介，也就是所谓的高校校园物质。只有具备了以上两个条件，才能在高校校园中传承中华优秀传统文化。

具体而言，高校校园应当加大对传统文化的引用力度和广度，在正确诠释经典、弘扬优秀文化的基础上创新，使得高校校园物质文化具有开放性和超前性，如在高校校园中设置电子讲堂，宣传民族歌舞、民族音乐等艺术形式；在校园的物态空间中增加民间美术作品或博大精深的书法艺术；要将校歌、校训等彰显学校特色的元素极大可能地用一定的载体呈现出来并安放到突出位置；在校园基础设施中多增加具有红色文化的艺术作品或者装饰；在校园整体建筑或风景上多采取融入具有传统文化风格的因素等。大学生之所以对自己的母校缺少应有的认同，正是因为他们没有感受到优秀校园文化的熏陶，没有感受到高校校园物质文化的魅力。只有将高校校园物质文化植根于优秀传统文化，才能够使高校校园物质文化生生不息，也才能更好地彰显高校校园应有的文化魅力与高雅气质。

（三）促进高校校园物质文化和谐统一

高校校园物质文化不是一成不变的，会受到客观条件的制约与影响，所以建设高校校园物质文化需要用历史的辩证的思维。高校校园物质文化的建设可以用一对充满矛盾的词语进行简单概括，那就是“变”与“不变”。所谓的“变”，就是改变，是更新，是创造，是继承；而“不变”是一种稳定的、必然的核心要素。高校校园物质文化之所以要寻求变，是因为学校文化要不断适应各种外在的条件变化。高校校园物质文化只有根据客观条件的变化做出相应的调整，以适应社会发展的需要，才能够引领大学生不断进步。但是，改变并不意味着没有范围，创新与提升文化品质需要掌握一定的度，把握好关键的节点，有张有弛，在适应外界以及自身的变化中不失方向、不失高校的根本。这就需要审视高校“不变”的根本，即大学精神的重要性。

高等教育肩负着对自身大学精神的锤炼以及对大学生传达大学精神的责任，大学精神充满了对人的道德关怀。但是现如今高校恰恰忽略了大学精神的塑造，尤其是在适应各种变化的过程中，高校校园物质文化的建设也缺失了大学精神的注入，纯粹以精神文化去感化大学生的大学理念正逐渐衰微，大学生精神世界的空虚、意志品质的薄弱、生活气息的浮躁都是因为缺少了大学精神“润物细无声”地对心灵的净化。没有价值理性的高校，是丧失灵魂与信仰的高校。若把高校比喻为一个生命抑或一个有机体，那么失去了大学精神的高校就显得苍白无力，只有华丽的外表而没有血肉。

因此，我们应该努力促进高校校园物质文化的和谐统一，将“变”与“不变”这一矛盾解决好，守护高校的防线，构筑高校的驿站。

二、从大学生德育层面加强高校校园物质文化建设

（一）重视君子人格的培育

高校校园物质文化有育人功能，关键在于如何发挥育人功能和育什么样的人。在《论语》中，“君子”人格成为主要的教育目标，提倡要修己。而在现代语言系统中，“君子”指道德纯美、志趣高洁的人，包括君子的仁义道德、德智兼备；待人之道、克己之道；和谐处世、刚柔并济等。作为君子，既要求在内在品质上向善、高尚，又要在行为表现上得体、高雅，只有两者兼得，才能成为真正意义上的君子。现如今我们教育的根本任务是“立德树人”，高校校园正是立德树人的阵地，关键在于高校应该如何“树人”，其中包括如何培养君子人格。为此，孔子也提出了具体的培育目标，那就是“知者不惑，仁者不忧，勇者不惧”①。也就是说，我们现在既要培育大学生的德行，也要培育大学生的才能，更要提升大学生的胆量和魄力。

《礼记》中也指出“格物、致知、诚意、正心、修身、齐家、治国、平天下”的教育目标。学识是衡量一个人是否为君子的重要标准，所以大学生应该首先成为一个学识渊博的人，而且应该成为一个拥有良好的学习态度和方法的人。君子理想人格中最重要也是最关键的衡量标准即是否拥有高尚的品德，所以大学生应该在学习过程中提升自己的思想道德，使其具备仁、义、礼、智、信等道德准则。孔子说过：“君子喻于义，小人喻于利。”②君子，不仅要求

① 张燕婴，译注．论语[M]．北京：中华书局，2007：130．

② 张燕婴，译注．论语[M]．北京：中华书局，2007：47．

内在修养极高，道德品质高尚，也要求外在的庄重优雅以及外在行为的规范。所以，大学生还要注意自己外在的表现、外在的容貌以及行为规范的养成。

以上君子人格的培育需要家庭教育和学校教育的双重努力。家庭教育是中国重要的教育方式，家庭教育方式将对个体一生产生重要影响。在教育上难免出现重物质、轻精神，重学习成绩、轻行为习惯的问题。多数父母给予大学生在物质上比精神上、心理上更多的关注，大学生因此失去了对物质世界的正确价值观，不注重自身生活自理能力、卫生习惯的培养，不注重自身文明行为的养成，形成自私自利的个人主义。而高校的德智教育也不甚完善，存在比较严重的失衡问题，错过了大学生道德人格塑造的关键时期，在大学生的道德养成上缺乏及时有效的引导，这导致了当代大学生君子人格的缺失。所以，培育君子人格不仅需要大学生自身朝着正确的方向努力，提升自己各方面的能力，还需要家庭教育和学校教育能够采取正确的方式，转变原有的培育观念，要从大学生真正的需求入手，转变教育方式，以阴阳二分的思路进行培育。只有这样，才能实现德才兼备的人才培养目标。

（二）自然天性与习惯养成

大学生除了要培育高尚的人格之外，也要注意自然天性与习惯的养成。大学生的习惯养成教育不能脱离高校物质文化环境以及大学生群体，这就要求大学生在学校学习主导课程的同时走出教室、走出学校与周围的人进行沟通交流，积极锻炼身体参与社会实践活动等，只有这样他们才可以学会独立思考，培养大胆质疑、勇于解疑的能力，他们的思维和创造力才能得到发展，判断是非的能力才能够得到增强，他们在遵循自己内心想法的同时才能够始终坚持正确的人生观、价值观，成为一个有条理、有分寸、有良好行为习惯和道德高尚的人。

所以，高校应该走出教育的误区，重在树人，遵循大学生的成长规律，不强行把所有大学生培养成一个类型。人的本质属性虽然是社会性，但是人也有自然属性。高校应该在育人的过程中尊重大学生的自然属性，使其自发生长。

（三）理性的开发转向心的感化

心理学家威尔逊（Wilson）所讲到的“护花原理”是针对“破窗理论”所

提出的一个影响人的行为的方法。如果说“破窗理论”是从外在的物质育人，那么“护花原理”则是从内在的心灵感化人。有些大学生面对花草警示语或者条条框框时无动于衷，很大程度上是因为他们从内心深处不认同这些言语，甚至产生了反感情绪。他们对校园物质文化的漠视一方面是因为自身的文化保护意识淡薄，另一方面是因为他们没有从内心深处感受到周围事物的美好，以及缺乏生命观教育。护花原理告诉我们，看似冰冷的内心可以通过另一种方式得到感化和温暖，那就是摒弃一些教条式、直接式、灌输式、强制性的道理，而转变为具有情感的、委婉的、灵活的、贴近生活的哲理。让大学生自己选择去接受还是不接受它，自己去体味其中的内涵，自己去换位思考，自己去展开理性的思考。

首先，大学生应该接受良好的生命观教育。现如今，生命观教育在学校没有得到应有的重视，导致人们不仅对自己的生命不加珍惜，同时也不重视同样具有生命的万事万物。高校应以学生为中心，由教师创设体验境遇，引导学生主动关注有价值的事物，并从中获得感悟，通过德行实现外化。高校校园物质文化正是需要创设一种灵活的体验式文化，使大学生置身其中，通过移步换景就能够受到真实情感的熏陶，发自内心地向校园物质文化发出人性关怀。

其次，大学生内心能够得到感化而去关爱他物的前提是自爱，自己关爱自己的内心使其净化，而后才能对其他事物以友爱。

所以，在如今的学校德育教学中，往往较少指导学生用自爱问题来解决现实问题，这其实在一定程度上是对自爱的误读。我们所理解的自爱仅仅是一种自私自利的表现，而对于大学生来讲亟须培养有理智的自爱，既不会将自己变成自私的人进行自我蒙蔽，也不会为了个人的利益而选择不择手段地掠夺，而是要像爱自己那样去爱别人，正所谓“爱人如爱己”。高校这一个公共场所给自爱与友爱提供了存在的可能，所以，大学生需要在学校及教师的引导下先学会爱己，然后由己及物，只有这样，高校德育才能够顺利有效地实施。

三、从基本保障层面加强高校校园物质文化建设

（一）强化“四位一体”的制度保障

在高校校园文化中，物质是基础，制度是保障，精神文化是核心，行为文

化是表现。强化“四位一体”的制度保障，有利于全方位、科学合理地促进高校校园物质文化长足发展。

首先，高校校园文化的核心价值在于精神文化。精神文化集中体现着高校的发展理念和价值追求。高校校园精神文化贯穿于高校校园文化的始终，关系着其他三方面高校文化的发展。只有精神文化理念有利于高校校园物质文化建设发展，高校校园物质文化建设才会顺利发展，才能拥有强大的精神力量支持，其文化内涵才会更加丰富深刻。

其次，促进高校校园物质文化建设，必须提供相应的制度保障。高校校园制度文化既是高校校园文化的重要组成部分，也是其他文化建设的重要基础。高校校园物质文化建设的可持续发展是建立在高校各部门协调配合、合作努力的基础上的。只有具有良好的制度保证，才能确保高校校园物质文化在高校各部门有效发挥作用。在制度文化的帮助下，可形成制度化管理以及制度化的行为习惯。久而久之，高校校园物质文化建设的制度保障就成为高校各部门自觉遵守的行为准则。只有将高校校园物质文化建设做到有章可循、科学合理，才能使制度观念深入人心，才能使人们做到自觉维护高校校园物质文化建设，重视其严肃性与重要性，为高校校园物质文化建设提供健康发展的空间。

最后，高校校园行为文化是通过高校主体的日常行为活动反映出的动态文化。高校校园行为文化是高校校园物质文化建设取得成就的反映。优秀的高校校园物质文化熏陶下的高校校园行为文化高雅得体；相反，滞后的高校校园物质文化影响下的高校校园行为文化则体现不了高校校园物质文化建设的严重不足。优秀的高校校园行为文化能够丰富高校校园物质文化的内涵，为高校校园物质文化的发展提供新的内容。行为文化是在物质文化提供的物质基础之上体现的，在丰富多彩的校园活动中，行为文化的反映会给物质文化的发展提供经验借鉴，从而促进其更加完善地发展。强化“四位一体”的制度保障不仅需要制度明确，而且需要明白什么是“四位一体”，这就需要引起高校领导的重视，在高校校园文化建设规划中注重体现“四位一体”的制度设计，将高校精神文化、物质文化、制度文化、行为文化并重，不能将其割裂分离。在具体实施贯彻的过程中注重发现“四位一体”制度的问题，及时反馈并解决问题；在年终评价体系中做好工作分析、经验总结，为高校校园物质文化建设营造和谐健康的发展环境。

（二）强化高校校园物质文化建设的主体作用

主体之所以成为主体，是因为主体在事物的发展过程中发挥主导作用。高校校园物质文化建设的主体在高校校园物质文化建设的过程中具有主观能动性，能够自主选择性地促进高校校园物质文化建设发展的方式。高校校园物质文化建设拥有多元主体，在这里主要指在教学、科研、管理等各种活动中参与的大学生与教职工。对于高校校园物质文化建设来讲，高校是“主体”，高校校园物质文化是“客体”。

高校主体具有多元化的特点，大学生是高校校园物质文化建设中的推动主体。他们是高校校园物质文化建设的主要创造者与受益者。大学生是高校的主要群体，并且具有巨大创造力，高校校园物质文化建设的最终目的是培养与塑造优秀的人才。强化大学生的主体作用，首先要增强大学生的主体意识，并使其认识到高校校园物质文化建设的重要性；其次要充分发挥模范大学生在高校校园物质文化建设中的榜样作用；再次要充分利用课堂外的社团活动调动大学生投身于高校校园物质文化建设的积极性；最后发挥校友前辈的传承作用，使历届积累的高校物质文化力量发扬光大，传承不息。高校教职工是高校教书育人的主体，在高校校园物质文化建设中发挥着重要作用。高校教职工是高校思想政治教育的引导者和践行者，在高校校园物质文化建设中如果缺失了教职工的指导作用，大学生就会迷失方向，高校校园物质文化建设就会停滞不前，就会停留在较低的层次上。

所以，强化高校校园物质文化建设的主体作用就要充分发挥高校教职工的主体作用，增强其专业素养，提升其文化品位与情操，使其自觉投身于高校校园物质文化建设中，为高校文化发展贡献自己的力量，成为大学生的学习榜样。

总之，高校主体的学习生活与高校校园物质文化建设息息相关，高校的主体意识与主观能动性的强化会大大促进高校校园物质文化建设的长足发展。

（三）建立健全高校协调运行机制

建立健全高校协调运行机制是促进高校校园物质文化建设长足发展的重要举措。高校校园物质文化建设协调运行机制包括以下几个方面。

1. 建立健全管理机构

高校任何一项工作的顺利开展都离不开专门机构的工作支持。加强高校校园物质文化建设就要引起高校的重视，成立专门的高校校园物质文化建设发展规划管理部门。该部门不等同于高校后勤部门专门负责高校环境建设及卫生工作，该部门的主要工作是就高校校园物质文化建设问题，进行高校主体与高校领导间的上传下达，并做好协调处理工作，解决高校校园物质文化建设中遇到的麻烦问题，以保证高校校园物质文化建设工作在思想政治教育的指引下顺利完成。该部门要有专业的校园规划设计团队，以保证高校规划设计具有创新性、特色性，并服务于高校主体，从而最大限度地发挥高校物质文化的育人功能。

2. 建立健全部门相关机制

高校校园物质文化建设工作是一项长期的工作，需要相应的部门机制支持，需要建立健全运行管理机制、激励机制、竞争机制等。在高校校园物质文化建设的过程中，要加强科学化管理，注重调动高校主体的主观能动性，构建良性竞争机制，为高校物质文化建设营造良好的发展环境，长效服务于高校主体。另外，在高校校园物质文化建设过程中，要建立健全制度体系。国有国法，校有校规。健全的制度体系是保证物质文化建设正常进行的重要手段。健全、科学的高校规章制度是明确各部门职责，全面统筹规划高校各项工作的保障。只有制度明确，职权才会明确，在出现问题后才会及时解决。高校校园物质文化建设既包括器物建设，又包含文化建设，不可避免地会遇到各种问题，只有制定出符合高校实际情况的、职权分明的、科学合理的规章制度，才能保障部门协调合作，高校校园物质文化建设才能有序进行。

3. 建立健全行之有效的监督问责机制

随着法治社会的健全和高校主体法治意识的提高，建立行之有效的监督问责机制对于促进高校校园物质文化建设非常有帮助。部分高校存在着忽视制度、制度执行力度不够的情况，部门间还存在推卸责任、得过且过的现象。只有建立健全问责机制，奖惩分明，才能使制度真正发挥效力，才能坚实可靠地促进高校物质文化建设发展，发挥育人功能。

第六章

高校学生管理理论基础

第一节　高校学生管理的基本概念

一、高校学生管理的含义

高校学生管理是高校教育管理体系中非常重要的一个组成部分，目的是有效地实现大学生的培养目标。具体来讲，高校学生管理就是高等学校领导和管理人员，为了实现大学生的培养目标，按照国家的教育方针和各项政策法令，科学地、有计划地组织、指挥、协调学校内部的各种因素——人、财、物、时间、信息等，并对其进行预测、计划、实施、反馈、监督等的过程。

二、高校学生管理的重要性

高校在开展管理活动的过程中，积极开展学生管理有着十分重要的意义，具体表现在以下几个方面。①

（一）高校学生管理能够增强大学生的能力

高校是一个对人才进行培养的重要场所，这就决定了高校的各项工作都必

---

① 张亚涛，苏里阳，刘莉．高校学生管理与思政教育工作的融合发展思考探究[J]．文化创新比较研究，2021，5（9）：183-185．

须围绕着人才培养来展开。因此，在开展高校学生管理工作时，要确保其具有培养、增强大学生能力的积极作用。例如，在开展高校学生管理工作时，可以通过引导大学生参与社会实践活动来提升其社会实践和社会活动能力。

（二）高校学生管理能够推进高等教育改革的深入

自改革开放以来，我国高等教育事业取得了巨大成就，培养了无数优秀的人才。但是，由于受到多方面原因的影响，高等教育与社会发展仍在一定程度上存在着脱节现象。这就决定了在高等教育的发展过程中，必须立足我国社会主义建设的发展现实，积极对高等教育的思想、内容、方法以及学生管理工作等进行改革。事实上，有效的高校学生管理及其改革，能够在很大程度上促进高等教育改革的深入。

（三）高校学生管理能够促进合格人才的培养

高校是人才培养的基地，因为高校学生管理是高校管理的一个重要方面，所以必须要为培养合格的社会主义现代化建设人才服务。具体来看，高校学生管理与一般的管理相比，是一种带有明显的教育性质的服务，即开展高校学生管理不仅要促进高校的有效运行，还要尽可能达到教育的目的，使大学生成长为合格的社会主义现代化建设人才。

总之，高校学生管理是一种“管理育人”的管理，需要与高校的教学工作、思想政治工作和心理健康教育工作等一系列工作有机结合起来，以管理促进教育、以教育推动管理，从而真正促进大学生的成长与成才。

（四）高校学生管理能够维护国家的安定与团结

由于大学生是一个特殊的社会群体，他们既有青年的特质，如朝气蓬勃、充满激情、追求真理、关心时事，也有青年固有的不足，如容易冲动、互动性强、易走极端、时有盲从、阅历较浅、情绪不如成年人稳定等。他们是法律上的成人，但在心理上是准成人；他们与其他同龄人相比，掌握着更多的知识，但较之真正的知识分子，其所掌握的知识又存在结构上的缺陷和知识量上的不足；他们的参与意识、自我意识急剧增长，思想上的可塑性也大大提高，但其很容易出现偏激的情绪，也很容易与他人发生矛盾冲突，还很容易被不良的思想所影响。

因此，高校必须严格学生管理，制定并实施一定的政策、法规和行为规范，对大学生的行为进行一定的约束，为他们的教育和成长创造一个良好的环境，引导大学生形成稳定的情绪，从而保持学校的稳定，维护国家的安定和团结。

三、高校学生管理的内容

高校学生管理是高校对大学生入学到毕业在校阶段的管理，涉及的内容有很多，其中较为主要的有以下几个方面。①

（一）高校学生的德育管理

高校在开展学生管理工作时，德育管理是一项十分重要的内容。所谓高校学生的德育管理，就是高校根据大学生的身心发展特点和品德形成规律，有目的、有计划、有组织地对大学生在心理上施加系统的影响，把一定的思想和道德转化为大学生个体的思想品德的过程。也就是说，高校在开展学生管理工作时，要注意与德育相结合。

（二）高校学生的学习管理

高校学生的学习管理，就是高校按照一定的专业教育标准，有目的、有计划地对大学生进行专业教育，使其最终成长为具有丰富、系统的专业知识与技能的合格人才。

（三）高校学生的学籍管理

高校学生的学籍管理，就是高校对取得学习资格的学生，从入学注册，成绩考核与登记，升、留（降）级，转系（专业）与转学，休学、复学、退学，奖励与处分，毕业与毕业资格审查等方面，按照党的教育方针、教育自身规律以及大学生身心发展特点，制定出规章制度，进而实施管理。

（四）高校学生的生活管理

在高校学生管理工作中，生活管理是一项十分重要的内容。其好坏不仅

---

① 刘家松．立德树人视域下高校学生管理工作与思想政治教育教学工作协同发展探究[J]．中国科技期刊数据库科研，2022（10）：1-4．

会影响大学生的身心能否得到健康发展，而且还会影响大学生能否建立正常的学习、生活和工作秩序，并会影响高校的人才培养目标能否得到有效实现。因此，高校必须对大学生的生活管理给予足够的重视。

高校学生的生活管理，从内容方面来说主要包括对大学生在校期间的一切生活活动的管理，如饮食管理、起居管理、着装管理、健康管理等。

（五）高校学生的行为管理

高校学生的行为管理，也是高校学生管理的一项重要内容。所谓高校学生的行为管理，就是高校要对大学生的日常行为进行指导、监督、检查及纠正，以引导大学生切实养成良好的行为习惯。

这里需要特别指出的一点是，在对大学生的行为进行管理时，要特别注重引导大学生形成健康的道德行为，这对于保证其身心的健康发展具有重要的作用。

（六）高校学生的体育管理

大学生要想成才，为我国的社会主义现代化建设作出贡献，就要具有健康的身体。因此，在高校学生管理工作中，体育管理也是一项不可忽视的内容。

所谓高校学生的体育管理，就是高校组织、指导大学生按照一定的体育锻炼标准，有目的、有计划、有组织地进行体育教育和锻炼，从而造就大学生健康的体魄，使其轻松应对在校紧张的学习和日后的工作。

第二节　高校学生管理的本质及特点

高校学生管理是高校管理的一个重要分支，高校在开展学生管理工作时，要想取得良好的成效，就需要切实明确高校学生管理的本质与特点。[①]

一、高校学生管理的本质

高校学生管理属于高校管理的一部分，所以具有管理的一般本质，又是高

① 吴文静．高校学生管理与模式创新研究[M]．北京：北京工业大学出版社，2023：38.

等学校人才培养工作的重要环节，有其特殊的本质。

（一）高校学生管理的社会组织具有特定性，是高等学校的特殊管理活动

实际上，社会组织中协调组织成员的相互关系和个人活动具有必要性，这是管理活动的根源，所有的管理活动都要在一定的社会组织中进行。高等学校是特定的社会组织，是系统培养专门人才的组织，其首要和基本的任务就是教育和培养大学生，所以高校学生管理是高等学校的特殊管理活动，其目的就在于完成高等学校的管理任务。

（二）高校学生管理的目的与高等学校的任务一致，是培养人才，促进大学生的全面发展

管理活动一定有其目的，实现一定社会组织的某种预定目标就是管理的目的。管理是实现目标的必要途径，世界上既不存在无目标的管理，也不可能实现无管理的目标。高校学生管理是高等学校人才培养工作的环节之一，其目标与学校在人才培养方面的预定目标相统一，就是要培养人才，使大学生全面发展，富有创新精神和实践能力，能够更好地建设中国特色社会主义事业。

（三）高校学生管理的本质是合理配置学校的各种资源，指导和服务大学生成长成才

高校学生管理的任务主要是科学地决策、计划、组织和控制学校的各种资源，有效地利用人力、物力、财力、时间和信息指导与服务大学生，使其能够顺利完成学业、健康成长成才。具体包括三个方面：一是引导大学生群体的行为；二是资助家庭经济困难学生；三是提供就业服务，帮助毕业生就业等。

二、高校学生管理的特点

高校学生管理的特点，具体来说包括以下几个方面。

（一）方向性

高校学生管理的方向性特点指的是在开展高校学生管理工作时，必须紧紧

围绕着为中国特色社会主义培养合格人才这一中心目标来展开。为此，高校学生管理工作者必须具备应有的政治素质，不断提高自身的政治敏锐性，时刻关注政治局势，把握大局，与党中央保持高度一致。

（二）科学性

高校学生管理的科学性特点指的是高校学生管理是一项集大学生的德、智、体及日常生活管理于一体的系统管理活动，而且这一活动要想取得成效，就必须与我国的法律法规、高校的实际以及大学生的身心发展特点相符合。

（三）特殊性

大学生是一个特殊的群体，这就决定了高校学生管理具有特殊性。高校学生管理的特殊性，主要体现在以下几个方面。

第一，高校学生管理的对象是大学生（社会角色而言），他们本身就是一个特殊的社会群体，是一群掌握着一定基础知识和专业知识的潜在人才群体。

第二，高校学生管理的对象是青年（生理心理角色而言），他们处于血气方刚、激情澎湃、感情冲动、充满朝气的人生阶段。

第三，高校学生管理的对象是正在接受知识教育和思想道德教育的青年群体，他们是一个处于想独立而在经济上又不能独立的半独立状态的青年群体。

第四，高校学生管理的对象是青年群体，但这一群体与军事编制中的军人青年群体是不同的，他们的首要任务是学习，而非战斗。

高校学生管理的特殊性，决定了高校学生管理必须涉及生理学、心理学、教育学、人才学和管理学等诸方面的知识体系。

（四）可操作性

高校学生管理作为一种管理制度，尽管有理论指导，但又与理论有所不同，其最大的特点是它必须具有可操作性才能真正达到管理的目的。因此，可操作性也是高校学生管理的一个重要特点。

第三节　高校学生管理的指导思想和原则

科学的管理对提高管理效率和管理质量有着十分重要的作用。因此，在开展高校学生管理工作时，必须以科学的思想为指导，并切实遵循高校学生管理的基本原则，以确保高校学生管理能够取得良好的成效。[①]

一、高校学生管理的指导思想、行动准则、遵循规律

（一）以马克思主义理论为指导

高校在开展学生管理工作时，要以马克思主义理论为指导，去观察、分析和研究大学生存在的问题，探讨学生管理的基本理论和规律。具体来说，高校学生管理中坚持以马克思主义理论为指导，可具体从以下两个方面着手。

1. 运用马克思主义关于人的全面发展理论来指导高校学生管理

我国的性质以及发展现实决定了高校所培养的人才必须是具有健康的体魄、扎实的科学文化知识、高度的有社会主义觉悟的人才。也就是说，高校所培养的人才必须要有理想、有道德、有文化、有纪律。而要培养这样的人才，就需要高校在开展学生管理工作时，切实以马克思主义关于人的全面发展理论为指导。

人的全面发展理论，是马克思主义教育思想的核心。而培养德、智、体、美、劳全面发展的社会主义建设者和接班人的教育方针，是马克思主义这一理论精髓的具体运用，对于当代高校学生管理工作的顺利开展具有重要的指导意义。

具体来说，运用马克思主义关于人的全面发展理论来指导高校学生管理，就是在开展高校学生管理工作时，要将培养有理想、有道德、有文化、有纪律的全面发展的高级专门人才作为最为重要的目的。

---

① 高誉. 高校学生管理工作创新研究[J]. 现代教育论坛，2021，4（10）：67-68.

2. 运用马克思主义关于辩证唯物主义的理论来指导高校学生管理

马克思主义关于辩证唯物主义的理论，是一切社会科学和自然科学的理论基础。因此，高校学生管理也必须以马克思主义关于辩证唯物主义的理论作为指导思想。

具体来说，在高校学生管理中运用马克思主义关于辩证唯物主义的理论，就是要用对立统一的观点来指导高校学生管理，并在高校学生管理中坚持整体观。高校在开展学生管理的过程中，可从以下两个方面着手来促进马克思主义关于辩证唯物主义的理论得到有效运用。

第一，在开展高校学生管理工作的过程中，要切实明确不同管理部门、不同管理者所拥有的权利和所承担的责任，并要采取有效的措施以确保他们能够团结合作，切实实现培养全面发展的人才这一共同的管理目标。

第二，在开展高校学生管理工作的过程中，要切实明确管理的具体内容，并确保所有的内容都具有内部一致性，即能够切实促进学生的健康成长。

（二）以党和国家的方针政策为行动准则

党和国家的方针政策是高校学生管理的行动准则，因此高校在开展学生管理工作时，要切实贯彻落实党和国家的方针政策。

在我国，高等教育事业是国家总体事业的一个重要组成部分，这就决定了高等教育事业必须与一定时期社会的政治、经济发展相适应。由于高校学生管理是影响高等教育事业发展的一个重要环节，在开展这项工作时必须以党和国家在一定时期的方针政策为依据。否则，高校学生管理无法取得良好的成效，高等教育事业的发展也会受到制约。

自中华人民共和国成立以来，党和国家为推动高校学生管理工作的顺利开展，制定了许多方针政策。对于这些方针政策，高校学生管理工作者必须要认真学习研究，保证这些方针政策得到切实地贯彻执行。此外，高校学生管理工作者必须认真地将方针政策在贯彻执行中所遇到的困难和问题，主动地向上级反映和汇报，以便方针政策能够得到不断丰富与完善。

（三）遵循高等教育和人才成长规律

高校是国家高级专门人才的培养基地，它的特定任务就是发挥教育职能，培养并输送又红又专的人才，促进和推动国家建设和社会发展。由于高等教育和人才成长都有其特殊的客观规律，只有掌握并切实遵循这些规律，高校的人才培养目标才能实现。由于高校学生管理是高等教育管理的一个重要组成部分，高校学生管理的有效开展，必须以掌握高等教育和人才成长规律为前提。

1. 高等教育规律与高校学生管理

（1）高等教育规律的构成

高等教育规律总体上来说可以分为两类，即外部基本规律和内部基本规律。

外部基本规律揭示了高等教育与社会政治、经济的外部关系，主要反映高等教育在国家建设和社会发展中的地位和作用、高等教育投资的经济和社会效益、高等教育的主要社会职能等方面。

内部基本规律揭示了高等教育的内部关系，主要反映在培养目标、不同专门人才的培养规格、途径与方法等方面。

（2）高校学生管理必须遵循高等教育规律

高校学生管理只有切实遵循高等教育规律，才能确保学生管理取得良好的成效，具体可从以下两个方面着手。

第一，高校在开展学生管理工作时，必须根据我国高等教育发展的状况，充分认识高级专门人才培养对社会主义现代化建设所发挥的积极作用，加深对“教育必须为社会主义建设服务，社会主义建设必须依靠教育”方针的理解，以增强责任心和使命感，以便所培养的学生更加适应社会的需要。

第二，高校在开展学生管理工作时，必须进一步明确社会主义高校的培养目标和人才规格，端正办学指导思想，理顺德、智、体、美、劳五者之间的关系，积极探索更为有效的管理途径与方法，使高校学生管理更为科学化、规范化。

2. 人才成长规律与高校学生管理

（1）人才成长规律的内容

高校是一个对人才进行培养的重要场所，而人才成长有其特定的规律。人才成长受到主客观多种因素的影响，需要有良好的环境、先进的教育、健康的身心和积极进取的精神。人才成长规律所揭示的就是这些因素之间的联系以及其对人才成长过程所起的作用。

（2）高校学生管理必须遵循人才成长规律

高校学生管理只有切实遵循人才成长规律，才能确保学生管理工作取得良好的成效，具体可从以下两个方面着手。

第一，高校在开展学生管理工作时，就必须要根据大学生生理、心理发展的需要，综合考虑群体的一般性和个体的特殊性，有针对性地因材施教，使所有大学生都能够充分地发挥自己的聪明才智。要尽力创造良好的学习条件，努力优化育人环境，满足他们成才的愿望。

第二，高校在开展学生管理工作时，必须积极探索先进的思想教育、专业的教育途径与方法，培养学生具有远大的抱负、优良的品质、坚强的意志、高度发展的智力水平，使他们具备成才的必要条件。

二、高校学生管理的基本原则

为了有效地进行高校学生管理，必须遵循正确的管理原则。所谓高校学生管理的基本原则，就是高校在对学生实行全面管理和全程管理的过程中，观察、认识和处理各种问题和矛盾所必须遵守的基本准则。它是对高校各级、各方面管理人员实行科学管理所提出的最基本的要求。具体来看，高校学生管理的基本原则包括以下几个方面。

（一）政治性原则

政治性原则是高校学生管理工作必须遵循的一条最基本、最重要的原则，这是由高校的社会主义性质及其培养任务所决定的。这里所说的政治性原则，即高校学生管理必须坚持四项基本原则。

自改革开放以来，一些西方错误思潮、观点乘隙而入，对一些具有较高文化层次、政治上又不成熟的大学生产生了不良影响。因此，高校必须在开展学生管理工作时坚持政治性原则，确保培养出来的人才具有坚定正确的政治方向，能够自觉抵制西方自由化思潮的影响。

（二）理论与实践相结合原则

高校学生管理的理论与实践相结合原则，要求高校学生管理工作人员在开展学生管理工作时，必须做好以下几方面的工作。

第一，高校学生管理工作人员必须不断总结、丰富与完善高校学生管理的基本理论，包括高校学生管理的目的、高校学生管理的内容、高校学生管理的方法等。

第二，高校学生管理工作人员在开展具体的学生管理工作时，必须以一定的理论为指导，并注意在实践中检验这些理论的正确性与完整性等。

第三，高校学生管理工作人员在开展具体的学生管理工作时，所制定的管理措施与方法等必须要与高校的发展实际、大学生的身心发展现状等相符合。

（三）民主性原则

高校在开展学生管理工作的过程中，遵循民主性原则有着十分重要的意义，具体表现在以下几个方面。

第一，高校学生管理的一个重要目的就是培养学生自我控制、自我管理的能力，激发学生在管理中的主人翁意识，充分调动学生自我管理的内在积极性。高校只有在开展学生管理工作时切实遵循民主性原则，才能促进这一目的的实现。

第二，高校在开展学生管理工作时，只有充分尊重各级管理人员以及广大师生的民主权利，认真听取他们的意见和建议，主动接受他们的监督和检查，发挥他们的积极性、主动性和创造性，集中他们的智慧，才能切实做好学生管理工作。

第三，高校在开展学生管理工作时遵循民主性原则，有助于克服工作中的官僚主义、主观主义，可使高校学生管理工作人员的决策得以完善，使高校的学生管理工作少走弯路。

高校在开展学生管理工作的过程中，要切实贯彻民主性原则，需要做好以下几个方面的工作。

第一，高校在开展学生管理工作的过程中，要重视建立一系列民主管理的制度（如设立校长信箱、定期或不定期地召开座谈会等），进一步拓宽民主渠道。

第二，高校在开展学生管理工作的过程中，要正确处理民主与集中的关系，即高校学生管理工作中既要反对缺少民主的“一言堂”“家长制”，防止命令主义、官僚主义，又要反对离开集中指导的无政府主义和极端民主化、自由化倾向，要将领导集中指挥与群众积极参与管理有机地统一起来，形成一股巨大的合力，保证各项学生管理工作的顺利开展。

第三，高校在开展学生管理工作的过程中，要进一步健全教职工代表大会、工会、共青团、学生会等群众组织，以保证它们能够参加学校的管理活动，让它们代表各自所辖的群体，在决定学校重大问题、监督各级管理机构方面发挥积极作用。

第四，高校在开展学生管理工作的过程中，要尽可能增加学生管理工作的透明度，充分调动学生自我管理的内在动力，以培养学生自我教育、自我管理、自我服务的能力，发挥学生在管理中的积极作用。

（四）以学生为中心原则

1. 学生是高校学生管理体制中的重要主体，而非被动客体

学生作为高校管理体制中的重要主体，既是学生管理工作的对象，又是高校学生管理工作的中心所在。因此，要遵循以学生为中心的原则，使整个学生工作都围绕学生来进行；要尊重每个学生，客观公正地评价学生，正确地看待差异，因材施教；要看到学生身上的闪光点，给学生以自尊、给学生以自信、给学生以希望的曙光。学生管理工作者要与学生真诚互动，要成为与学生建立积极友谊的人。学生管理工作者的角色是辅导者及协助者，学生管理工作者在学习情境中应创设适合学习的氛围，以引导学生愉快接受。在学生管理工作者个人的人格特质中，亲切与热心是较受学生喜爱的。学生即朋友，尊重学生自身的价值，相信学生的行为是内发的，相信每个学生都有自我发展和自我实现的潜能，相信每个学生都有处理自身问题的能力，努力建立情感型的师生关系，将极大地促进高校学生管理工作的开展。

另外，在学生管理工作中，学生的主体地位应当得到充分的尊重。不应简单地把教育活动当作学生消极被动接受的过程，而应使学生积极主动地获取。在这一过程中，学生的主观能动性应得到最大限度地发挥。此外，还应尊重学生的个性。学生之间是存在个体差异的，应当赋予学生更多的学习自主权，如选择专业的自由、选择教师的自由、选择学习方式的自由、选择毕业年限的自

由等，为学生充分发挥特长、张扬个性创造条件。高等教育的目的是培养德、智、体、美、劳等全面发展，具有创新精神和实践能力的社会主义事业建设者。因此，在高等教育过程中，要逐步改变以考试分数为唯一评价标准的做法，积极培养学生成为专业基础厚、实践能力强、人格健全、品德高尚的合格人才。

2. 全方位贯彻以学生为中心的管理原则

首先，积极实施全过程育人、全员育人模式。要在校园内积极倡导并逐步形成“教书育人、管理育人、服务育人”机制，积极实践“全过程育人”。这里所说的全员育人模式有两层含义：第一层是指对学生的教育要动员全社会力量积极参与，学校教育要与家庭教育、社会教育有机结合起来，使之形成一个有机整体，共同发挥作用；第二层是指在学校内部构建包括教师、学校管理者、后勤服务人员在内的全体教职员工积极参与的全员育人模式。向新的教育模式转变，是因为随着市场经济体制的建立和完善，我国的高等教育呈现出利益主体多元化、行为主体个别化的趋势，个人将获得最大限度的独立性和自主性，能够在更大的范围内选择个人的发展方向和途径，再加上高等教育作为非义务教育，实行教育成本分摊，学生必须交费上学，这就使学校在市场上处于卖方地位，而学生处于买方地位，学校是教育产品的“提供者”，而学生是“消费者”。市场经济体制的建立改变了高等学校中学生所处的地位，这就为确立学生的主体地位、给学生以学习的自主性与独立性、确立以学生为中心的观念奠定了体制性基础。以学生为中心的教育理念，是把学生当作高等教育的消费者，把高等学校看作为学生发展提供教育服务的机构。这就要求学生管理在一定意义上把学生当作进入学校的消费者，是买方，而学校是为他们提供服务的卖方。

其次，相信学生，实现学生的“自我管理”，依靠学生来推动高校学生管理工作。在传统教育体制中，学生在整个教育活动中处于被动遵从的地位。但是市场经济发展到今天，高校办学已经市场化，学校在市场中处于卖方地位，而学生处于买方地位。学校是教育产品的提供者，而学生是消费者。评价学校办学的好坏，最有发言权的应该是消费者，他们有自主选择产品的权利。如何提高自己的产品质量、最大限度地满足消费者的需求、在教育市场上立于不败之地，这是摆在高校面前紧迫而艰巨的问题，也是其应尽的义务。

一方面，高校要认识到自己的存在离不开学生，没有学生也就没有学校，学生无论在数量上还是在重要性上都是学校的主体。另一方面，“育人”是高校的教育宗旨，大学生需要教育和引导，而外因必须通过内因才能发挥作用。高校教师应努力引导学生从认识自身素质和个性特点出发，明确自己的长处和弱点，对照群体范围的尺度，进行整合和扬抑，力求在适应社会需求中弘扬自我、展示个性。从这一层面上说，大学生又是教育和管理的客体，两者是辩证统一的关系。所以，学生管理工作要以学生为中心，一方面，要让学生成为管理的主体，从管理的决策、组织实施到目标实现，都要依靠学生，让学生充分参与进去。另一方面，要发挥管理的“育人”功能，本着管理就是服务的思想，开展的一切管理活动都是为了服务于学生的成才。因此，高校教师应尊重学生的合理要求，关心学生的成长需要，认真听取学生的意见，努力解决管理工作中存在的问题。

学生是教育活动的主体，他们自主学习的权利应当得到充分尊重和维护，他们作为教育活动主体的主观能动性应当得到充分发挥，他们的个性应当得到充分张扬，他们的学习潜力和潜质应当得到充分挖掘。积极实践学生的“自我管理、自我教育、自我服务”，不断培养、提高学生独立思考问题、分析问题、解决问题的能力。学生的“自我管理”实质上是一种民主的、开放的、人性化的管理，更加有利于实现学生成才的目标。

（五）尊重学生的自我实现原则

学生的需要是多方位的，但传统教育，尤其是应试教育，过分看重学生的学习成绩。这种学习几乎总是读、写、算的基本技能训练，而对学生内心的感受、态度和表达能力、审美能力，以及处理人际关系的能力很少涉及。人的发展的本质，是内在潜能在后天环境中的充分实现，“自我”或“自我实现”，是人类与生俱来的动力，并且是在个体成长过程中通过不断地与其所处的环境相互作用而逐渐形成的。一旦形成了“自我”，就意味着他将自己与所处的环境分离开来。因为在这一过程中始终伴随着外界的各种评价，包括积极的和消极的评价，所以整个世界或社会就对这个人的成长产生了极大的影响。

学生是独立自主的个体，学生的发展、成长应与自己相比较，看自己是否比以前有进步。高校学生管理者在考虑到学生个体差异的同时，应依据一定的标准，给学生一个客观公正的评价，使学生正确地认识到自己的学习情况、有没有达到预定的目标、今后应怎样努力，并掌握正确的自我评价方法，提高学习的自觉性，成为学习的主人。同时，教育目标既包括知识和认识能力的发展，也包括情感的发展，它是对整个人的教育。因此，高校学生管理者对有人格缺陷的学生进行教育时要注意情理结合，首先要分析导致其人格缺陷的原因，对症下药，制定教育策略；其次要耐心细致地做思想工作，动之以情，晓之以理，听其言，观其行，逐步培养学生健全的人格。

面对现代社会的迅速发展，教育的目标应该是促进学生的发展，包括知识和认识能力的发展，培养能够适应变化和学会学习的人才。随着大学生学习环境的转变、学习媒介的进步、交流手段的变革等客观因素变化，应提倡以学生的自由和全面发展为教育终极目的，提倡宽松、自由的学习环境，改变传统教育只能端坐课堂、让学生倍感枯燥和乏味的状况，以激发学生的学习兴趣，提高学习效果。

（六）刚柔相济的管理原则

1. 刚性管理和柔性管理的特点分析

刚性管理是严格按照规章制度，并利用组织结构、责权分配来实现由支配到服从的管理。为了实施刚性管理，必须建立起一套系统、科学的管理制度，并辅以严格的奖惩措施。这些规章制度在组织内部具有约束性和强制性，内部人员必须人人遵守，无论谁违反，无论什么原因违反，都无一例外地需要承担相应的责任，受到相应的处罚。刚性管理重“管”、重“权”，从而达到管理的统一性。因此，刚性管理的优点在于有利于工作秩序井然，个人行为规范统一，并且有利于管理人员对敏感问题与突发事件的处理。但是刚性管理也存在一定的弊端，它忽视了人的因素，组织管理的核心是人，每个人都有思想、有能力、有各种精神需求，不考虑这些特点，一味地利用权力和规章制度来约束和控制他们，将使人际关系紧张，不能很好地发挥他们的主动性和积极性，从而影响组织的发展后劲。

而柔性管理强调“以人为中心”，依据组织的共同价值观和文化精神进行人格化管理。它是采用非强制性方式，产生一种潜在的说服力，从而把组织意志变为个人自觉行动的管理模式。其最大的特点在于：不是依靠外力，而是依靠人性解放、权力平等、民主管理，激发每个人的内在潜力、主动性和创造精神，使他们能真正做到心情舒畅，不遗余力地为组织不断开拓创新，从而取得竞争优势。其特征主要包括：内在重于外在，心理重于生理，身教重于言教，肯定重于否定，激励重于控制，务实重于务虚。但是柔性管理也具有一定的局限性，因为柔性管理弹性大，变动性和灵活性大，实施得不好有可能造成混乱；另外，由于主客观条件的限制，很可能很难满足组织人员无限上升的需要，从而影响柔性管理的实施。

可见，刚性管理与柔性管理各有千秋，这就要求管理者在管理中要把两者有机地结合起来，以实现其功能的互补，发挥出最大的管理功效。

管理是要营造一种氛围，只有符合被教育者自身特点的管理模式才能最大限度地调动被教育者的主动性和积极性，才能切实理顺管理工作中存在的各种问题。从目前大学生的思想特征来考虑，传统的“以教师为中心”，采用“保姆式”“警察式”“法官式”的刚性管理方式，会使大学生“自我管理、自我服务”的自立性、创新性受到严重压抑，会使大学生出现抵触或逆反心理甚至消极心理而自暴自弃。但是如果只片面地强调采取非强制性的柔性管理，管理者对学生的违法违纪行为缺乏有效的制约手段，容易导致管理秩序失去控制，具有极大的风险性；同时，柔性管理的实施客观上需要管理者投入大量的精力去了解、关心学生，满足学生的心理需要，营造和谐的心理氛围，从而最大限度地影响学生的思想、感情乃至行为，这在现实中较难做到。另外，柔性管理追求的是那种依靠师生间高层次的“情”、自觉的“意”等非理性内在力量和校园文化氛围的无形制约，以激励为动力来实现“无为而治”的境界，需要学校管理者和全体师生较为持久的建设和积淀才能形成，管理周期长，短期内不易取得实效。

2. 营造刚柔相济的高校学生管理工作氛围

建立合理适度的规章制度是实施“刚柔相济”管理模式的前提。通过各项规章制度的制定和实施，使用控制、监督、惩罚等强制性手段迫使学生以某种行为规范去完成学业是必要的，这是保证高校学生管理工作有章可循的基本条件，是维护校园秩序、保证教学质量等工作顺利进行的必要保障。但是规章制度的管理并不是万能的，控制和惩罚并不能使学生自觉和自愿地朝着学校的目标前进，所以在规章制度的制定和实施上应该是柔性的。在规章制度的制定上，既要体现对学生的要求，又要尊重学生和信任学生，将管理制度提升到人性化的高度，用富有人文关怀的制度来管理学生，使学生在被管理中体会到温暖和关怀，如此可以避免个体产生逆反心理。同时可通过学生干部“听证会”来完善制度，尽力做到以学生为中心，在处理手段上，应以“教育为主”为指导思想，当学生违反规章制度时，应突出“治病救人”，通过“晓之以理、动之以情”，让学生深刻地认识错误，做到严而有格，严而有情，使之深切认识到管理者治病救人的良苦用心，从而真诚悔改。

在刚和柔的权衡方面，要侧重于“柔”。要积极研究学生的心理特征，在关心学生、了解学生、诚待学生的基础上，做到理解学生和尊重学生，给予学生更多的个性发展空间。推行以充分授权为基础的自主管理模式，实施自主管理要求管理者给予学生充分的信任，相信他们有能力约束自己的行为、管理自身事务；管理者应通过充分授权，帮助学生开展多形式、全方位的自主管理；管理工作者还要不断培养学生自主管理的能力，引导学生开展自我激励、自我服务、自我控制、自我检查、自我评价等工作，通过学生的自主管理，来充分调动他们的积极性和创造性，挖掘他们的潜能和自身价值，提高他们调节与控制自己思想和行为的自觉性以及综合素质。

柔性管理的氛围主要以营造高校校园文化氛围为主。校园文化是一所学校独特的风格或整体精神，是联系和协调学校所有成员行为的纽带，反映了学校成员之间的相互关系。优良的班级文化是校园文化的重要组成部分和基础。班级文化、校园文化建设重在班风、校风建设，主要是营造出一种团结、和谐、奉献、进取的文化氛围。集体舆论与人际关系构成学生工作柔性管理的客观氛围。集体舆论是学生意志的反映，高校要善于通过各种途径，使学生充分表达对班级事务管理的意见，这不但有利于推行各种管理措施，而且有利于发挥学生的主动性和创造力。

第四节 高校学生管理制度及管理体制

制度作为协调人们的权责关系和人们统一遵守的行为规范，同其他方面相比，更具有根本性、全局性、稳定性和长期性。抓制度是特殊形式的教育，抓教育本身也是一种制度。在大学生成长过程中，仅通过道德说教予以规训和改造是不够的，还必须通过规章制度等刚性力量予以遏制和克服，从而弥补高校德育的不足，提升高校德育绩效。高校学生管理制度是由高等学校作为主体，依据国家有关法律法规和部门规章以及经过教育行政机关审核的本校章程制定的。调整有关本校学生的教育教学活动和生活秩序，确定学生管理的规则和办事程序，在本校具有普遍约束力。

高校学生管理制度作为调节学校与学生教育关系的规范体系，是高校管理制度的重要组成部分，也是构建现代高校制度的核心内容之一。高校学生管理体制是高校内部管理的一个重要组成部分，是对学生进行思想教育和行政管理，培养社会主义接班人的组织保证。①

一、高校学生管理制度

（一）我国高校学生管理制度的变迁

我国高校学生管理制度的变迁主要经历了以下几个阶段。

1. 探索期：改革开放前的高校学生管理制度

在改革开放前，高校学生管理制度属于构建的“探索期”。总体上，这一时期的高等教育办学体制与计划经济相适应，这种教育与国家建设高度一体化的教育体制将高等教育人才培养统合于计划经济体制之中，高校学生管理工作受政治因素影响较大，高校人才培养呈现出典型的组织化特性。一方面，学生学习的物质条件得到了国家无偿保障；另一方面，学生也失去了学习选择和自主就业的自由。可以说，改革开放前的高校学生管理制度伴随高等教育向社会

① 王春宝，张永越．高校学生管理创新理念研究[M]．北京：中国商务出版社，2023：38.

主义办学方向不断探索的道路前进，教育的上层建筑观一直影响着高校学生管理工作的开展。因此，这一时期的高校学生管理工作整体处于摸索实践的过程之中，高校学生管理工作并没有形成体系化的制度。

2. 形成期：改革开放后至20世纪末的高校学生管理制度

改革开放推动我国社会主义建设和发展取得了巨大的成就，也是我国教育系统大发展的时期，更是高校学生管理大变革的时期。这个时期是高等教育的复兴时期，高校学生管理通过制度建设，坚持德育为主，强调以人为本的理念，从学生的生活实际出发，全面深化改革，为我国高校学生管理工作开创了新的局面，中国特色社会主义性质的高校学生管理制度初步形成。

这一时期可以分为三个阶段。改革开放后至1985年为第一阶段，高等教育发展的主要目标是加速高等教育发展，进行高等教育结构改革。1983年4月28日，国务院批转教育部、国家计划委员会《关于加速发展高等教育的报告》，在强调扩大规模的同时，强调改善高等教育结构及广开学路。1985年后至20世纪90年代初为第二阶段，主要目标是稳定办学规模和层次，以教育体制改革为核心，全面深化高等教育管理体制改革。通过颁布一系列的方针政策促进高等教育的发展，如《中共中央关于教育体制改革的决定》《高等教育管理职责暂行规定》等。20世纪90年代可以列为第三阶段，原国家教委召开了第四次全国高等教育工作会议，提出了高等教育改革的基本设想。1993年，中共中央、国务院发布了《中国教育改革和发展纲要》。从此，中国高等教育的发展脱离了“条、块”自成体系的高等教育管理体制，遵循适应社会主义市场经济体制的要求，高校学生管理开始了新的一轮改革。

3. 法治化：进入21世纪以来的高校学生管理制度

在这一时期，高校学生管理制度中重视制度构建的合法性，赋予学生主体平等地位，明晰其权利义务关系。

（二）建立高校学生管理制度的基本要求

高校学生管理制度的建立必须符合以下要求。

1. 政策性

高校学生管理制度必须同党的路线、方针、政策和体现党的路线、方针、政策的国家法律法令条例、决议指示、规章规程，尤其是党和国家的教育方针保持高度一致，不能有丝毫背离。

2. 教育性

高校学生管理制度必须对学生起到教育作用，即能培养学生的社会主义道德观念、行为规范、思想品质和严谨、务实、开拓进取的工作作风。这样，学生管理工作既有章可循，又有进取的目标，充分发挥规章制度本身的教育和激励作用。

3. 可操作性

高校学生管理制度尽可能做到量化，制定出符合教育、管理实际的科学指标，并用分值表现出来。这样，不仅能使全体学生做到心中有数，自觉约束自己，在检查处理时也能避免主观随意性。

4. 整体性

高校学生管理工作专职人员必须树立全局观点，正确处理局部与全局的关系，正确处理学生的学习和课外活动的关系，以及团组织与学生会工作之间的关系等。在处理各种关系时，高校学生管理工作人员必须使整个系统处于协调状态，这样才能发挥整体的最佳功能，达到教育管理的最佳效果。

5. 严肃性

高校学生管理制度必须做到令行禁止，奖罚分明，对任何人也不例外，从而使学生的行为得到规范。在建立高校学生管理制度时，凡应规范的都要规范，凡规范了的，各级学生组织和个人都必须严格执行，不能朝令夕改，随心所欲；严格按制度办，不能时宽时严，时紧时松，坚决维护其严肃性。

6. 民主性

高校学生管理制度必须符合广大学生的根本利益，并获得广大学生的积极拥护和支持。学生是管理的对象，又是管理的主体，在制定规章制度时，必须从学生中来，到学生中去，广泛听取学生意见，做到集思广益，紧紧依靠广大学生把教育和管理工作做好。

7. 科学性

高校学生管理制度必须符合高等教育的客观规律。任何事物都有其自身的规律，高校学生管理也不例外，诸如管理必须遵循与学生的年龄相适应的规律。同时，高校学生管理还要善于借鉴现代科学管理理论，不断总结高校学生管理经验，把行之有效的传统管理经验与现代管理理论有机地结合起来，以不断提高科学管理水平。

二、高校学生管理体制

（一）高校学生行政管理体制

建立一套完整的高校学生行政管理体制是做好高校学生管理工作的重要保证。体制包含机构设置与权限划分两个方面的内容。高校学生行政管理体制，主要体现在学生行政管理工作的机构设置与权限划分两个方面。

在高校，学生行政管理工作是学生工作的一个重要部分，可分为学生的教学管理、学籍管理、生活后勤管理、治安管理、课外生活管理和校园秩序管理等。因此，这里所讲的体制，不仅体现这些工作职能的权限划分，还应考虑为完成这些职能而设立的机构。所以围绕着对学生从入学到毕业的在校阶段的管理，围绕着对学生学习、生活、行为规范而设置的机构与职能权限的科学划分，就是高校学生行政管理体制内涵的反映。

1. 我国高校学生行政管理工作体制的历史变化

在1965年以前，高校基本上实行“一长制”，即高校的管理体制，包括学生行政管理体制，原则上与当时企业的“三级一长”管理体制雷同，学校是由校级、系级、年级（班级）三级组成，“一长”是指由校长、系主任、年级主任（班主任）在各级发挥管理职能。后虽几经反复，但在组织机构的设置上，基本上无重大变化。组织机构的基本形式是采取“直线职能参谋组织形式”。

当时，在校级行政管理机构中，无独立的学生行政管理部门，每个行政处均兼有管理教职工和学生的行政职能。例如，学生的教学管理，由教务处负责；学生的生活管理，由后勤系统的总务处负责；负责学校招生的，各校又不尽相同，有的学校招生由招生办公室负责，有的由教务处承担；学生毕业分配，有的学校由教务处负责，有的学校由人事处承担；其他的学籍管理内容，包括奖励与处分，由教务处的学生科负责。系级的学生行政管理机构，主要由系办公室负责履行行政管理职能。年级（班级）无专门行政管理机构，主要由政治辅导员充当学校中最基层的行政管理机构的代表。他们集教育、管理于一身，构成了学校最基层的学生行政管理机构。当然也有学校在班级里配备了教务员，负责学生的教学行政管理工作。当时高校虽无专门独立的学生行政管理体制，但已具有各级机构兼管学生行政管理工作，承担各种职能权限，形成了适合当时需要的学生行政管理体制。

2. 我国现行高校学生行政管理体制的常见模式

随着教育事业的发展，学生行政管理体制不断完善，高考招生制度的恢复、高等教育事业的不断发展使得高校的规模得到了扩大，高校的领导体制，包括学生行政管理体制也发生了变化。从高校学生行政管理体制的变化看，可归纳为以下四种模式。

（1）散在模式

学生行政管理工作，由学校各部、处及有关机构各司其职，行使行政管理的职能。这一模式，在校级、系级、年级（班级）三级组织机构设置方面，沿袭历史上的“直线职能参谋组织形式”，一般来说，未增设新的行政管理机构。但在职能和权限划分方面，分权化的组织管理制度强化，促使整个行政管理工作有规律、有节奏地顺利运转。

（2）专兼模式

学校建立了学生处，学生处成为学生行政管理工作的主体之一，而其他各有关部门，兼任有关学生行政管理职能，整个学生行政管理工作呈现专兼结合、齐抓共管的局面。在这一模式中，在校级建立了专门的、独立的学生行政管理机构——学生处。系级学生行政机构设置，各校情况不一。目前，全国有许多高校采用这一模式。

（3）复合模式

学校在校级建立了学生部和学生处，部、处合一，实行“一套班子、两种性质”的工作模式，成为学生行政管理的主体。在这一模式中，有的高校在系部设立了学生办公室，主管学生行政管理工作，有的高校视情况设立了学生年级办公室，负责本年级学生行政管理工作。

（4）各部门模式

学校建立了学生工作指导委员会或学生工作领导小组，委员会下设实体性的机构——学生工作办公室，办公室兼有协调、指挥各部门执行学生行政管理的职能。而各部门在学生工作办公室的指导下，照常履行原来承担的有关行政管理工作的职能与权限。系与年级组织机构无重大变化。

上述各种模式有两个共同的特点：一是管理机构的组织形式均采取“直线职能参谋组织形式”，二是分权管理形式增强。

学生行政管理工作的成效，取决于两点，一是领导和干部队伍；二是管理体制。建立一个学生管理体制，应选择哪种具体模式，主要由本校的历史与现状、领导与干部队伍的素质和结构、教师与职工的思想水平与觉悟、学校的任务和条件等形成的综合因素决定。只有当一个具体模式适合这个学校的情况，并能创造出最优成绩时，才是最佳的选择。

（二）高校学生思想品德教育管理体制

我国高校学生思想品德教育实行的是综合管理体制，这种体制主要由以下几种制度构成。

1. 专职干部责任制

高校专职党团干部是党的教育方针与政策在各单位的综合贯彻执行者，是思想品德教育管理的设计者，是发动全体教师教书育人的组织者。因此，专职干部在学生思想品德教育管理中发挥着不可替代的作用。学生专职干部主要指担任党团职务、专门从事学生教育管理的干部，包括学生工作部（处）或宣传部、校团委的干部，各系主管学生工作的党总支（分党委）副书记、团总支（分团委）干部等。专职干部一般按学生人数的1∶150配备，不足150名学生的单位可根据实际工作情况考虑。专职干部具体由学校主管部门和各系党总支共同管理。

专职干部主要从毕业生或青年教师中挑选，必须具备以下几个条件。

①坚持四项基本原则，积极拥护、努力贯彻党的路线、方针、政策，在政治上同党中央保持一致，一般要求是中共党员。

②热心思想工作，热爱、理解、熟悉青年学生，善于联系群众，作风正

派，坚持原则，办事公正，严于律己。

③具有一定的社会工作经验和组织管理能力、表达能力、调查研究能力，能独立开展工作。

④具有大学本科以上文化水平，业务成绩优良。

2. 指导教师责任制

教师在教育学生的过程中起着主导作用。调动教师教书育人的积极性是抓好学生教育管理工作的关键。除了要求所有教师在教学过程中要注重学生的思想品德教育之外，这里说的指导教师责任制，还要求一部分教师在完成自己教学、科研工作的同时，兼负一个年级或一个班的学生教育管理工作。

指导教师包括年级主任、辅导员或班主任、研究生政治导师（以下统称指导教师）。指导教师中的兼职辅导员或班主任聘任可以采用分段制（即一、二年级为一段，三、四年级为一段），也可以实行四年一贯制。人数在120人以上（包括120人）的年级应配备年级主任，负责组织、协调本年级的工作；不满120人的年级可根据情况按专业或系配备年级主任，年级主任在任职期间以学生教育管理工作为主，也可适当承担少量的教学、科研工作。

指导教师由学校人事处、宣传部、教师工作部门、学生工作部门和所在院系党总支组成的领导小组共同管理。人事处负责把指导教师的工作表现与教师出国、进修、晋升专业职务等政策挂钩；宣传部负责指导教师的自身提高、评比先进等工作；教师工作部门负责把指导教师的工作表现与课时酬金的发放挂钩；学生工作部门与系党总支负责对指导教师的工作进行指导与考核。指导教师由教研室负责考察挑选，聘期一般为两年一期，可以连聘连任，无特殊情况未经批准不得随意更换，以保证工作的连续性。

（1）指导教师的职责

①努力贯彻党的教育方针，对加强学生思想品德教育管理的目的、意义认识正确，严于律己，言传身教，引导学生全面发展。

②负责指导学生团支部、班委会开展各项有益的活动，负责组织本年级（或班）的政治学习、班务会议，做好日常的思想教育管理工作，保障学校各项教育管理计划、措施、制度在基层的贯彻落实。

③负责执行本年级（或班）学生的思想品德考核，对发展学生党员提出建

议和意见。

④指导学生开展业务学习、课外科研、学术交流等活动。

（2）担任指导教师应具备的条件

①坚持四项基本原则，热爱党的教育事业，品德高尚，作风正派。

②有一定的学术水平，教学效果好，在担任指导教师期间，能够承担本年级（或班）一门业务课的教学工作。

建立指导教师责任制是发动教师做好学生思想教育管理工作的重要措施。由于大多数教师有自己的教学科研任务，并且面临提高业务水平与晋升专业职务的挑战，加上学生工作投入大、收效慢、难度大、耗费时间多，高校里的许多教师不愿意担任指导教师。造成这种状况的原因是多方面的，应制定具体的措施，从政策上消除教师的后顾之忧。只有把教师的积极性充分激发出来，把培养学生良好的思想品德作为全体教师自觉的行动，高校学生工作才能开创崭新的局面。

第七章

高校学生管理工作的探索发展

第一节　高校学生管理工作理念的探索发展

一、高校学生管理工作理念创新的意义

（一）时代发展的要求

当今世界，科学技术突飞猛进，知识经济初见端倪，国际竞争日趋激烈。人类社会发展到今天，人力资源成了第一资源；相对于人口数量，提高人的素质成了第一要务；在人的素质中，创新精神和实践能力是重点。科学技术的进步越来越依赖科技创新；知识经济的发展越来越依赖知识创新；国际竞争，说到底，是人才的竞争，是民族创新能力的竞争。无论是科技创新、知识创新，还是民族创新能力的提高，最关键的是人才。人才的成长靠教育，其中，高校教育是非常重要的。高校可以说是培养高素质人才的重要基地，进行学生管理工作理念创新从而适应时代对人才的需求，对于高校而言无疑具有非常重要的意义。

（二）社会主义现代化建设的需要

面对新形势、新任务和新问题，最根本的在于创新。创新，不仅取决于人

的创新精神能力，还取决于创新人才的培养。高校既是知识创新、传播和应用的重要基地，也是培育创新精神和创新人才的重要摇篮。无论是在培养高素质的专业人才方面，还是在提高创新能力和提供知识技术创新成果方面，高校学生管理都具有独特的重要意义。高校承载着人才培养与输出的重大职责，只有不断推进学生管理工作理念创新，才能为我国的社会主义现代化建设提供更多的富有创新能力的人才。

（三）高校教育自身发展规律的必然要求

党和政府高度重视教育工作，我国教育事业取得了举世瞩目的伟大成就，实现了历史性跨越。高等教育入学率已接近大众化水平，高等教育已迈入大众化阶段，高校管理体制改革取得了突破性进展，教育质量和办学效益不断提高，这些都是高校教育改革创新的结果。但是，我国高校教育的水平与发达国家高校教育的水平相比还有差距，与社会主义现代化建设的需要还有差距。我国高等教育思想、教育体制和结构、教育内容和方法，与社会主义市场经济体制不相适应的矛盾和问题，正在日益暴露出来。其中既有不少新问题，也有一些无法回避的深层次矛盾。对于解决这些问题和矛盾，没有现成的经验和方法可借鉴，其根本的出路在于进行理念创新。

1. 做好学生管理工作的首要条件和客观要求

随着改革开放的深入和市场经济的发展，当代大学生对各种思想、文化的接受和选择有了更广阔的空间，社会上的各种思想和价值观念必然对他们产生巨大的影响，给学生管理工作带来新的挑战。同时，高校学生管理还存在着许多不适应之处，突出表现为许多教育管理人员仍沿袭传统的单一模式和思维习惯，原有的以学校和教师为中心、忽视学生主体性的管理模式依然存在，使高校学生工作管理面临新的困境。

2. 做好学生管理工作的逻辑起点和必要前提

当前的高等教育正由精英教育向大众化教育跨越式发展，既要把学生视为接受教育的对象，又要把学生当作管理服务的主体；既要严格管理规范，又要重视教育引导；既不能一味地追求意志统一，又要充分保障学生权益；既要强调集体观念和社会需要，又要满足人的个体需求与促进其素质发展。因此，高校学生管理工作必须对管理理念进行创新，并把这种理念创新当作高等教育大众化条件下学校管理工作的逻辑起点和必要前提。

3. 做好学生管理工作的应有之义和关键所在

经济建设需要人才，而学校培养出的人才只有为社会所接纳，并转化为生产力，才能发挥作用。时代变化促进理念变化，理念变化反作用于时代变化。如果没有先进的理念，学生管理工作就缺乏正确的导向。新时期高校学生管理工作的现代化首先是管理理念的现代化。高校学生管理工作作为高校管理工作的重要组成部分，要冲破传统束缚和实践障碍，解决好工作中的“瓶颈”问题。因此，从某种意义上来说，理念是管理的基础和先导，是管理的核心和精髓，是做好管理工作的关键所在。①

二、高校学生管理工作理念创新的内容

（一）转变思想观念，坚持育人为本的管理理念

人是手段与目的的统一体。这就要求既要把人当作目的，又要把人当作手段；既要尊重人、关心人，又要管理人、发展人；既要满足人的物质需求，又要符合人的精神需要。同时，人又是权利和义务的统一体。这就要求学生管理工作必须体现民主、平等的精神，在管理工作中公正地对待每一个学生，尊重和保护学生的权利，坚持做到有管有放、有宽有严，为学生的全面发展创造最佳条件。

育人为本是人本思想在学生管理工作中的具体化，是学生工作的根本出发点和落脚点。作为一种价值观，育人为本就是要以人为基础、以人为动力、以人为目的，强调唤醒人的自我意识，尊重人的主体地位，满足人的主体需要，尊重人的精神诉求，肯定人的自我价值，强调人的全面进步。作为一种工作方法，育人为本就是要坚持以学生的根本利益为出发点，既严格教育管理，又注重人文关怀；既严格纪律要求，又注重道德教化；既严格程序规范，又注重内容效果。作为一种思维方式，育人为本就是要转变思想观念，强化服务意识，坚持“一切为

① 张思雨. “以人为本”理论下高校学生管理工作研究[J]. 湖北开放职业学院学报，2023，36（22）：44-46.

了学生、为了一切学生、为了学生一切”，逐步实现民主交流、平等沟通、相互理解、和谐统一。

（二）贴近学生实际，坚持精细化的管理理念

所谓精细化管理，就是将管理覆盖到每一个过程，控制到每一个环节，规范到每一个步骤，具体到每一个动作，落实到每一个人员。学生管理工作的一个显著特点是所管理事务的繁杂、琐细。因此，学生管理工作的核心就是在“细”字上做文章，在“实”字上下功夫。

在精细化管理中，关键要突出一个“细”。“细”有以下几层含义：一是规范。严格管理规章和工作程序，坚持制度面前人人平等。二是科学。善于运用现代管理方法和信息手段，积极探索和掌握学生管理工作的客观规律。三是到位。在学生管理过程中，每一个环节都必须考虑到，不能忽视微小的管理漏洞。四是明确。落实管理责任，将管理责任具体化、明晰化，要求管理的过程条理清楚、层次清晰。五是深入。把工作做得具体、做得扎实，追求一种精益求精的境界，使学校的管理水平迈上一个新的台阶。

（三）整合各种资源，坚持系统化的管理理念

任何管理都是对系统的管理，没有系统，也就没有管理。系统化就是从整体上构建学生管理的系统模型和综合模块，把学生管理工作作为一个集学习机制、竞争机制、奖惩机制、决策机制、评估机制和反馈机制等于一体的动态过程。

学生管理工作是一项系统工程，它不仅是高校教师的责任，也是全校教职员工的责任，高校必须高度重视、加强领导、通力合作、形成合力，始终坚持依靠广大教职工、学生政工干部和全体学生积极参与的全员管理。高校必须针对不同年级的不同特点和不同个体的不同特征，将学生管理工作贯穿于学生成长成才的全过程。它又是全方位的，涉及各个方面，高校必须始终坚持管理即服务的观念，把解决思想问题和解决实际问题相结合，为学生做实事、办好事、解难事，努力提升学生管理工作的人文内涵，强化育人效果。

（四）增强自律意识，坚持自主化的管理理念

所谓自主化管理，是指在学生管理人员和专业教师的指导下，学生自我教

育、自我管理、自我服务和自我发展的教育管理模式。其核心是关注学生的发展，营造一种宽松和谐的民主气氛，调动学生的主动性、积极性和创造性，培养学生的创新精神和实践能力。

要充分发挥学生班团组织、社团组织和学生党支部的作用，丰富学生课余生活，拓宽学生知识面，增长学生才干，陶冶学生情操，培养特色鲜明的校园文化精神；要充分发挥学生干部和学生党员的先锋模范作用，让他们自觉地加入学生管理工作中，成为重大问题的参与者、决策者，并让他们在参与管理的实践中尝试管理、学会管理、懂得管理；要充分发挥学生的主人翁精神，突出学生的教育主体意识，实现学生干部队伍自我管理制度化。

（五）以培养学生创新精神为核心素质的管理理念

随着知识经济和信息社会的到来，创造力将成为社会经济进步的主要动力，成为关系市场竞争结果的决定性力量，那种“唯文凭、唯分数、唯专业”的传统人才观已不合时宜。教育工作的重点应放在提高受教育者的创造力方面，通过在教育过程中对受教育者创造力的发掘、训练、强化，激发受教育者的创造热情和创造才能，积极培养适应时代要求的创新人才。21世纪的人才应是能够适应新技术革命的挑战，能够参与全球性竞争与合作，能够主动适应、积极推进甚至引导一系列社会变革的创新人才。

（六）突出主体、开发潜能、激发创造的管理理念

这一理念用以解决高校学生工作怎样培养人的问题。传统的学生工作通常是管而不导、堵而不疏，这种治标不治本、浮在面上的学生工作方法已不能适应现代大学生的成长成才需要和现代高等教育发展形势。新形势下的学生工作要突出学生的主体地位、促进学生个性的张扬。通过理想信念教育，为学生进行需要的自我选择和自我调整提供精神动力和行动指南，通过正面引导、反面惩戒来进行学生的需要诱导，通过动机激励、过程磨砺、利益驱动来进行学生的需要驱动等，激发学生成才内在动力，从道理上说服学生，让学生明辨是非、权衡利弊，从而使学生正确规范自身行为，正确选择、调整自身在学习、生活中的需求结构。而教育观念要打破统一思想、统一标准、统一布局的模式，适当地提倡拉开档次、铺开阶梯，允许有部分人先走上去，再扶另一部分

人上来。对广大青年学生，应当把他们当成能动地参加教育活动的主体，而不仅仅是教育对象和受教育者，变以往的家长式、保姆式、传输式的教育为以疏导、启发、自我教育为主的方式。

（七）体现互动性、层次性、整合性的管理理念

这一理念用以解决高校学生工作体制的理念问题。高效的工作体制既可以激发主体的工作热情、兴趣，使主体在工作中不断产生自我满足感和成就感，从而成为主体不断产生工作主动性、自觉性、创造性的不竭动力，也可使整个工作群体形成团队意识、协作精神。传统的高校学生工作体制存在一定的缺陷：一是体制重心的错位，造成协调、服务部门忙于应付具体事务性的工作，而无暇对整个学生工作进行协调与把握；二是体制基层的虚位，学生工作基层组织的积极性没有充分发挥出来，使整个学生工作欠缺活力，缺乏创造力；三是体制的整体创造力的空位，造成领导机构、协调部门、基层组织的脱节。①

高校学生工作必须要适应培养高素质创新人才的需求，进行体制理念的创新，其中应注意三个方面：体制的互动性，有利于上层和基层相互激发工作活力与创造力；体制的结构层次性，有利于工作环环相扣、层层递进；体制的整合性，有利于局部服务于整体，全局指导、协调局部，发挥整个体制的凝聚力和资源整合力。具体来说，就是要形成“上”有“决策层”，总揽高校学生管理工作全局，把握基础性、全局性、前瞻性的大问题，坚持社会主义办学方向和育人原则；“中”要有“协调层和监控层”，对高校学生管理工作进行具体指导、协调和监控；“下”要有“责任层和落实层”，充分发挥基层组织的积极性，实行工作重心的下移，推行目标管理、量化考核的评价制度，建立竞争机制。这样整个工作网络就会形成一个动态的、灵活的、高效的“金字塔”形体系。高校学生管理工作是一个系统工程，它不仅仅是某个部门的职责所在，学校应树立“全员育人”的教育理念，形成“人人皆教育之人，处处皆教育之地”和“教学育人、科研育人、管理育人、服务育人”的工作大格局。

（八）不断创新教育内容、服务内容的管理理念

这一理念用以解决高校学生具体工作内涵的理念问题。教育、管理、服

① 王丹．实践育人视阈下高校学生事务管理工作的实践再思考[J]．明日，2021（14）：66.

务是学生工作的三大主题，但在新的时期，这三大主题的结合方式以及自身的内涵也存在理念创新的问题。传统上不同程度地存在以管理为主的工作理念，而教育、服务功能被弱化、淡化，使工作一直停留在较低层次水平。面对新的形势，高校扩招，学生人数激增，学分制的推广，后勤社会化改革，学生的学习、生活的主要场所及方式都发生了很大变化，传统的教育、管理已不合时宜，不符合青年学生的心理特征变化和成长规律。高校学生管理工作要转变观念，逐步从管理型向教育型、服务型转变。

1. 创新教育内涵理念

教育是一个系统工程，不仅要加强对学生的文化知识教育，而且要切实加强对学生的思想政治教育、品德教育、纪律教育、法治教育等，要培养富有创新精神和实践能力的人才，对于高校学生管理工作的教育内涵来说，就是要进行以创新教育为核心、思想政治教育为基础的全面成才教育，而教育的方法主要从说教式、传输式的方法向启发式、引导式、激发创造式的方法转变。因为教育本身的要义就是要把教育内容内化为学生的内在需求，变以往学生被动地接受为主动地需要。

2. 创新管理内涵理念

高校学生管理工作要从传统的管理模式中走出来，注重“导向管理”。管理的内容要从点上的管理转向整个层面的深层次管理；管理的对象要从个别管理转向抓典型的管理；管理的依据要从校纪校规的管理上升到以法治校、民主治校的较高层次；管理的手段要变直接管理为主到以宏观和导向管理为主，变教师管理为主到以学生自主管理为主。总之，就是要从被动式、强迫式的管理变为主动式、民主式的管理，从以管理为主的工作模式走向以教育、服务为主的工作模式。

3. 创新服务内涵和理念

高校学生管理工作要从管理型的工作模式走向教育型、服务型的工作模式，要为学生的成长成才创造各种有利条件，优化校园软硬环境，最大限度地激发学生全面成才的内在动力。服务的内容要把握学生在学习、生活中不同层次、不同方面的合理需要；服务方式要在引进社区管理方式的同时，实现服务最优质化、物质利益最小化。学生不仅是受教育者，也是教育投资者和消费者，高校要为学生提供各种生活服务，改善生活环境，对学生社区进行物业化管理，健全社区功能，构筑集文化、休闲、娱乐、购物、健身为一体的文化社区；提供勤工助学服务，扩大勤工助学的网络与途径，帮助困难学生顺利完成学业；提供学习服务，指导学生考研、出国、创作发明等；提供就业服务，健全信息网络，加强政策、心理、技术等各方面的指导。

（九）树立运用现代科技手段进行管理的现代理念

这一理念用以解决新形势下拓展工作领域的问题。网络技术的发展给传统的高校学生管理工作带来了新的挑战，同时也为学生管理工作提供了现代化手段，拓展了新的空间和途径。新形势下学生管理工作要转变教育观念，树立信息资源意识，主动超前介入网络教育平台，这是把握新时期高校学生管理工作制高点的有效途径。网络的交互性、虚拟性、平等性、开放性等特点使学生管理工作也呈现新的特点，如教育方式、管理方式的隐形化、个体化、咨询化和平等化等。学生管理工作进网络还是一个尚待深入研究的新课题，这不仅是学生工作某个方面或某个层次的创新问题，而且是互联网时代背景下高校学生管理工作的全面创新问题。其中，至少应把握三个要义：一是要找准学生管理工作进网络的立足点，用正确积极、健康、科学的思想文化信息占领网络阵地，提高学生“接受正确、有益的信息，抛弃错误、有害的信息”的能力；二是探究学生管理工作进网络的切入点，采取与大学生心理需求、生理特征及成长规律相适应的生动活泼、喜闻乐见的形式和内容；三是要把握学生管理工作进网络的融合点，“进”不是简单地将学生管理工作的内容放在网上，也不是单一地把网络作为技术性质的信息交换系统，而要从本质上实现学生管理工作与网络的融合，达到内容和形式、科技与人文的有机融合，充分发挥网络在学生管理工作中的服务功能、教化功能、引导功能和管理功能，趋利避害，规范网络道德，培养积极、健康、科学的网络文化。[①]

① 李跃辉，杨小会，陈梅明，等．新媒体视域下高校辅导员开展学生管理工作的挑战与对策探究[J]．新闻研究导刊，2023，14（22）：33-35．

第二节　高校学生管理工作模式的探索发展

一、高校学生管理模式的发展理念探索

（一）高校学生管理模式自我化发展

以学生为中心，引导学生实现自我管理，推进高校学生管理的创新，是高校学生管理模式创新的重要理念。没有管理的教育和没有教育的管理都是软弱无力的。教育离不开管理，管理是为了教育。这就是高校学生管理工作的全新辩证法。正是因为高校学生管理工作与人才培养的这种特殊关系，高校学生管理创新的路径有别于一般管理工作。它客观上要求用全新的管理理念作为指导。理念是反映对象深层次本质和规律的观念。教育理念是关于教育基本问题的深层次本质和规律的观念，具有理想性、持续性、统合性和范式性。

以学生为中心的实质就是尊重学生的发展特点和规律，尊重学生的人格个性，创建学生学习的良好环境，营造和谐的师生关系，从而培养素质全面、个性突出的创新人才。其关键是要正确发挥学生的主体性，尊重学生的需求，使教育活动忠实于教育本身的内涵，根据不同的学生施以不同的教育，使学生的潜能得到充分发挥，形成一种积极向上的内在力量。高校学生管理工作不是管理人、约束人、控制人，而是创造条件培养人，通过有效的培养发展人。

在这种方式中，学生本身既是管理者，又是被管理者，学生在这种角色转换中大大提高了自我管理的积极性，特别是增强了自我约束、自我管制能力。在学习知识的同时锻炼了能力，既学到了知识，又学会了做人，增强了学生的主体意识和责任感。

1. 构建以学生会、社团为主体的自我管理模式

学生会是学生自我管理的组织，学生会干部是学生进行自我管理的主体。在学生管理模式构建中，高校可以增加一些部门，赋予一些部门新的工作内涵，扩大学生管理工作的覆盖面，深入学生日常的各项自我管理中。有目的、有计划

地建设一批以理论学习型社团为龙头，以科技创新型、文化艺术型、社会公益型社团为主体的校级骨干社团，如青年志愿者协会、学生科技协会、学生艺术团、学生心理健康协会、自强社等，并以这些校级社团为“旗舰”，通过建立学院分会、年级分会，形成门类齐全、种类多样的学生社团“航母”编队。让所有学生根据自己的兴趣爱好、发展需要参加到社团中来，进行知识学习、人际交流、自我激励。

2. 构建以学生社区为主体的自我管理模式

在大学生社区自我管理委员会的基础上，形成寝室、楼层、公寓、社区、党支部、服务队等多位一体的社区自我管理模式。每个学生寝室设寝室长，每层楼设层长，每幢楼设楼长，每个社区设区长，与公寓学生社区党支部设置相结合，组建直接面向公寓开展活动的学生社团组织——特色服务队。在公寓区逐步建立各类文化、咨询、服务机构，面向学生提供生活、心理、卫生、学习等方面的各类服务，把思想政治工作与帮助学生排忧解难结合起来，开展以公寓为基地的自我管理活动。

3. 构建以党团组织为主体的自我管理模式

以班级、学生宿舍和网络为阵地，以党支部、团支部为学生基层组织，实行校系、院系、班级三级管理的运行模式。通过塑造点（个体）、线（基层党、团支部）、面（整体）的形象并进行整合，贴近学生、贴近实际、贴近生活。开展党员形象工程，在师生中叫响“树一面旗帜、建一个阵地、办一些实事、献一片爱心、带一批同学”的口号。建立学生社区党支部、网络党支部，把为学生服务从课堂内拓展到学生生活的社区和网络中。依托党团组织，以党建带团建，充分发挥学生党员的模范带头作用。

4. 构建以网络虚拟社区为主体的自我管理模式

以学校网络论坛（BBS）、各院系网站、特色网站为平台，构建大学生网络虚拟社区自我管理模式。把网络论坛和各种网站作为先进文化传播的重要载体，通过学生自行开发、自我管理以及自我教育，提高网络教育的针对性和有效性。建立心理咨询网站、理论学习网站、职业生涯规划网站等，成立网络文明协会、网络信息协会，制定“虚拟社区管理条例”，建立例会制度、培训制度、奖惩制度等，充分调动学生干部、协会成员和网络管理者的积极性，发挥他们的引领作用，增强大学生的参与意识，培养大学生的创新能力和实践能力。

（二）高校学生管理模式个性化发展

高校学生群体多样化已经成为高校最主要的特征之一，集中体现在每个学生成长环境的差异、发展需求的差异等方面。在高校学生管理中要正确把握其共性和个性，特别是针对特殊学生群体的政策应当进一步完善，因为这些群体成员容易焦虑和自卑，不愿和同学相处，甚至极易受到高校环境中负面因素的影响从而产生悲观、绝望、无助等心理。高校应全面开展大学生特殊群体普查工作，了解和掌握他们的真实情况，在加大日常管理力度的同时，还要特别注重以下几个方面。①

1. 更新高校学生思想政治教育的内容和体系

高校必须把思想政治教育摆在各项工作的首位，贯穿高校育人的全过程。高校应帮助特殊学生群体树立正确的世界观、人生观、价值观，树立崇高的理想和道德追求，特别是要提高学生辨别是非的能力、面对挫折和逆境的能力，使其学会正确地对待和处理学习和生活中出现的实际问题，学会适应环境实现自身的发展。

2. 健全高校学生心理疏导工作机制

高校学生中的特殊群体往往是心理问题多发的群体，当面对理想和现实的差距时，或多或少会出现失望、焦虑等负面情绪，如果自我调节无法消除这些负面情绪，就容易发展为心理问题。因此，高校学生的心理疏导工作必须立足于帮助学生解决实际、现实的困难，消除学生心理上的困惑，使其心理和人格向健康的方向发展。②

高校一方面应当建立完善的心理咨询机构，并且让这一咨询机构流动起来，游走于学生特别是特殊学生群体之间，主动靠上去做工作。

应当对教师、学生管理者甚至是学生干部开展广泛的心理疏导相关培训，把心理疏导能力作为衡量高校学生管理工作者能力的重要指标。最主要的是要

① 祝庆轩．学生个性化发展视角下高校教学管理模式探微[J]．知识经济，2020（18）：163-164.

② 李琢．心理健康视角下高校学生管理工作探讨[J]．冶金管理，2021（13）：189-190.

形成常态化的与学生交心、谈心制度，及时了解学生的真实情况和想法，尊重每个学生的个性思想，做好心理疏导工作，促进学生全面发展。

3. 创造良好的人际交往氛围

每所高校都有自己独特的文化和环境，人际交往氛围是由学生群体创造的，也影响着每一个在校大学生。和谐、友爱、平等的人际交往氛围，不仅能陶冶学生的情操，开阔学生的胸怀，而且能消除或缓和人际交往上的矛盾。高校必须从思想上宣扬主旋律，把提高学生的道德水平作为基础，营造互帮互助、民主平等、宽以待人的人际交往氛围，消除学生群体之间的隔阂，消除特殊学生群体的孤立感。

（三）高校学生管理模式专业化发展

学科建设是学生管理模式专业化发展的前提。一种职业或一项工作要实现专业化，必须有专业的知识技能做支撑，有一定的学科依托以确立专业地位。可将学生管理专业设为高等教育学的二级学科，根据不同的专业方向与岗位要求开设学生事务管理、学生事务管理培训、学生发展研究等相关专业，并根据实践要求合理设置培养方案和教学课程；在教育心理学、人力资源管理等与学生管理或发展相关的二级学科下，根据实际需要增设学生心理咨询、职业规划等偏重具体实践的相关专业，从而推动专业学科发展与工作实践的整合，进而建立属于学生工作领域的专业学科体系并确立其专业地位，为学生管理工作者的专业发展提供坚实基础。

设置学生管理工作学科，一方面可以为我国学生管理工作源源不断地培养和输送人才，为学生管理工作队伍建设“质”和“量”的提高创造条件；另一方面，也可以为学生管理工作的研究者和实践者提供学术研究探讨和继续教育的平台，推动学生管理工作的理论研究，以此提高整体的学术水平。

（四）高校学生管理模式信息化发展

高校学生管理模式信息化是指在高校学生管理的过程中，借助丰富的信息资源和高超的技术手段，对学生管理的信息进行及时的处理和共享，借以改进管理组织结构，改善管理运行机制，使得学生管理工作在便利性、高效性、科学性方面都得到极大的提升。

网络技术的快速发展让当今世界变成了一个小小的地球村，信息化已经成为各个行业不可避免的发展趋势，教育行业自然也不例外，教育信息化已成为世界各国教育改革的重点，学校是否建立了校园网站，或校园网站所提供的信息类型和服务项目是否丰富，甚至校园网站本身设计技术的优劣、网页界面的美观与否，已然成为衡量一所高校校园信息化程度和社会声誉的一个重要标志。高校学生管理模式信息化也将成为我国高校学生管理体系中不可缺少的重要组成部分。

未来我国高校学生管理模式必将通过信息化建设，建立起学生管理信息平台，包括教学文件管理、教学计划管理、招生管理、选课管理、学习成绩管理、课程编排、教室调度、考试管理、教材管理、教学评估、课程评估、档案管理等子系统，覆盖学生管理的所有领域，为实现对学生管理工作的整体监督提供强有力的信息支持。

运用网络实行信息化管理，推进高校学生管理模式的创新。在创新管理方式、方法和手段的过程中，要注重运用网络实行信息化管理，充分利用现代科学技术手段，针对不同时期高校学生管理的新情况和新趋势，开发管理平台，整合管理资源，实现高校学生管理网络化、数字化。通过网络实现信息化管理，能够使管理方式由封闭式管理变为开放式管理，以此增强管理实效。同时，通过网络实现信息化管理，也是促使高校学生管理变单一管理为综合管理、把管理与服务紧密结合起来、以服务促管理的有效途径。在管理方法创新方面，要充分发挥网络虚拟互动平台的作用，实现师生的有效互动，变说教为参与、变灌输为交流、变命令为引导，以此创造学生主动参与的全新工作局面。

二、高校学生管理模式的发展途径探索

（一）管理层面的发展途径探索

1. 高校学生管理工作者要具备专业化知识与人性化思维

努力建立一支高效、精干、稳定、专业的学生工作者队伍，是做好学生管理工作的关键，是实现学生工作管理模式创新的根本。

高校学生管理工作者要培养和造就高素质人才，自身必须具备较高的政治

思想素质、合理的知识结构和较强的能力素质，并有较正面的自我形象和人格力量。学生管理工作者如果放松了学习，思想就会落后于形势。因此，高校学生管理工作者要突破以往的思维定式，适应时代和高校发展的要求，重新定位自己。只有这样，才能担当培养合格的社会主义建设者和接班人的重任，开创高校学生管理工作新局面。

面对社会意识形态的复杂化，学生的学习、心理和就业等压力的加大，高校学生管理工作者队伍的地位和作用变得越来越重要，社会对这支队伍的要求也越来越高。一所学校纵然要有许多学识渊博、造诣精深的教授、学者，要有许多先进的教学科研设备和优美的校园环境，但如果没有高素质的学生管理工作队伍加以管理和教育，也难以培养出高质量的创新型人才。高校学生管理工作者作为学生管理的主体，发挥着十分重要的作用。他们面对的是具有较高文化层次、思想活跃、反应敏捷、善于独立思考、敢于标新立异、涉及的知识领域越来越广的大学生。决不能再按老框架办事、不能静等观望，而必须按新时期社会对大学生培养模式的要求发挥应有的作用。

2. 高校学生管理工作者要转变观念，不断创新

一支品德良好、品行端正、作风优良的高校学生管理工作者队伍，其一言一行、一举一动，将会成为学生优良品德形成的表率和楷模。因此，高校学生管理工作者必须做到坚持真理、忠于职守、为人师表、以身作则、办事公正、任劳任怨。尤其要树立敬业创业精神和艰苦奋斗精神，发扬献身精神和奉献精神，用自己的实际行动去影响和促进学生进步和成长。除这种最基本的人格魅力之外，高校学生管理工作者还要不断提高自身的思想素质、业务素质和政策水平。

高校承担着培养和造就创新人才的重任，要通过创新的机制，保证教育内容、教育方法、教育载体、教育渠道的创新，努力培养出广受社会欢迎的高素质创新人才。

一要重视制度的创新。高校学生管理工作者要尽快转变传统角色，用规范的管理和高质量的服务影响学生，构建民主平等的师生关系，确立学生在教育和管理工作中的主体地位，逐步把学校管理工作重心向学生主体转移。要将教育、管理和服务功能相统一，强化服务理念，突出服务功能，更加自觉、主

动、积极地为学生服务。针对新形势、新问题，研究制定一系列具有时代感，突出针对性、可操作性的规章制度，不断提高学生管理工作的科学化、制度化、规范化水平。

二要注重教育内容的创新。学生管理工作是做学生的工作，学生教育工作内容必须随着学生的思想变化而调整。对于目前的大学生来说，他们已不再满足于传统的教育理念和模式，在实际教育中有时难以取得好的效果。可以借助易被学生接受的具有时代感的文化思想打动学生，但必须坚定不移地坚持弘扬主旋律，传播正能量，激发团结奋进的强大力量。

三要不断探索教育方法的创新。要讲究工作方式方法的艺术性，开展广泛的调查研究，切实解决学生中存在的苗头性、倾向性问题。以自身的实际行动做良好校风的建设者、维护者，把解决思想认识问题与解决实际问题相结合，充分运用现代化的传播手段，达到应变及时、有效控制思想舆论阵地的目的。增强学生管理工作的吸引力、影响力、渗透力，及时调整工作角度、转变思维方式，以增强学生管理工作的针对性、实效性。要创造良好的育人环境，营造积极健康向上的校园文化氛围，陶冶学生热爱集体、刻苦学习、团结互助、文明健康的情操。

高校学生管理工作者只有具备了强烈的信息意识，才能学会和善于收集信息，并运用现代化的网络技术获取所需信息，根据信息判断、推理、筛选出有价值的信息，再对信息进行分析、利用，从而为学生管理工作的决策提供依据。

总之，应从全方位入手，提高学生管理工作者的素质和水平。应健全学生工作者队伍培养机制，定期进行专业培训，给他们创造学习提高的机会，自觉把学生管理创新理念与学生管理工作实践相结合。从人员结构、职称待遇等方面入手，改善队伍结构，提高相关待遇，让学生管理工作者把学生管理工作作为自己潜心研究的专业、立志从事的职业和乐于奉献的事业。健全考核、评估、激励、反馈机制，坚持实事求是、公正全面的考核原则，努力激发学生管理工作者的积极性，增强他们的事业心和责任感。

（二）学生主体层面的发展途径探索

1. 实施“多渠道”学生管理沟通方式

高校要在学生参与学生管理工作的方式方法上进行大胆尝试。根据目前的实际情况，高校可通过以下方式实现学生参与学生管理的目标。

（1）建立学生代表列席学生管理工作月例会的制度。高校分管学生工作的副书记或学生管理部门组织召开学生管理月度例会时，可安排有关学生代表参加会议。在参会时，学生代表可以参与有关事项的讨论，提出自己的意见或看法。对于学生代表持有不同意见的会议议题，会议不可做出决定，可由学生代表会后征求学生意见后反馈给有关部门再议。

（2）每学期不定期召开学生管理工作沟通会。以座谈会的形式召开学生管理工作沟通会，参与会议的人员为学校管理部门的工作人员及学生代表；会议的主要内容为听取学生代表对高校学生管理工作的意见或建议，会议对意见或建议能当场解决或答复的，要当场处理，不能及时解决的，要在限定期限内答复学生。

（3）在其余时间段内，高校可通过设置学生意见收集箱、在校园网上开辟专区等方式，随时收集学生对高校学生管理工作的意见或建议，并答复学生。上述会议的参会学生代表可从如下方法中选其一进行确定。一是校方发布通知，明确学生代表的参会条件及参会名额，鼓励学生公开报名，依照报名顺序确定后邀请其参加会议。二是通过定向方式，指定学生参加会议。三是邀请经各系学生选举出来的学生代表参加会议。四是按照一定规则随机抽选，邀请被选中的学生参加会议。无论是哪种方式，都要保证确定参会学生代表的过程公开透明，并保证参会学生代表的“五湖四海”。

通过这样的方式，一方面可以拓展学生参与高校学生管理工作的通道，另一方面经会议通过并确定实施的议题，由于其内容经过了学生代表广泛的民主讨论，在执行过程中，参会学生代表自然成为该决议的推动者、宣传者，从而使决议执行得更加顺利。

2. 以高尚的校园文化引领学生

人的发展及才能的养成是教育、环境共同作用的结果。人不仅受其所处环境的影响，也在不断地改变环境，这个环境又进一步地影响人们。就学校而言，这种对人的发展以及才能的养成产生影响的环境，就是校园文化环境。校园文化环境对学校的教育工作及师生员工的生活有着不可低估的作用。开展多元化的学生集体活动能够培养学生崇高的理想和高尚的道德情操，能够使学生的兴趣爱好和特长得到良好的培养和充分的发挥。在一个健全的集体中，学生的不良习惯及不良意识也比较容易克服，因为集体的优良作风对学生思想品德的形成和发展能起到巨大的促进作用。要组织开展丰富多彩的集体活动，充分调动学生的积极性、创造性，设法激发学生的思维兴奋点，教育、培养每个成员的集体主义精神，积极发挥和发展学生的才干及特长，使活动和教育融为一体。

（三）环境层面的发展途径探索

1. 营造积极的高校学生管理大环境

随着网络技术的发展，以手机网络、微博、即时通信软件等为代表的新媒体技术，对高校网络文化的建设和管理产生了较大的影响。同时，互联网的互动、手机与互联网的互动，以及互联网络、手机网络、电视网络三网融合等形成的新媒体环境也对如何构建一个健康、文明的高校网络环境提出了新的挑战。

因此，如何加强高校网络文化建设和管理，营造积极、健康的校园文化环境，利用正确、积极、健康的思想文化占领网络阵地，发挥高校新闻网的优势是亟待解决的问题。

网络文化建设已经成为社会关注的热点，也成为高校学生管理工作者参与的一个重要领域。随着网络信息技术的进步，网民的数量剧增，网络文化业态呈现多元化的趋势，它对我们的工作、学习、生活产生的影响也越来越大。高校网络管理中心是全校网络运行的最主要支撑平台和防范不法分子利用网络破坏学校稳定的堡垒，是展示学校整体风貌的窗口，是学校重要的舆论宣传阵地。大力加强高校校园网络文化建设的探索与实践，是实现高校网络文化建设朝着健康、文明、和谐方向发展的有效途径。

（1）营造积极健康的校园网络文化环境

学校应该有意识地组织力量开展网络信息安全方面的科学研究，利用技术力量努力净化网络环境，将有害信息拒之校园网外。学校还应该加强校园文化建设，丰富学生的业余文化生活。首先，要积极开展充满时尚和青春活力的文娱活动，想方设法来吸引学生的兴趣和注意力。其次，及时对沉迷网络游戏的学生给予关心和帮助，为他们营造积极、健康的学习和生活氛围。最后，学校适度介入网络游戏，最大限度地控制暴力、色情等不健康信息的进入，为学生创造一个积极向上的、健康有序的网络文化环境。

（2）加大网络监管力度，以促进网络文化健康发展

当代大学生，受世界经济浪潮的影响较深，对新鲜事物的探索和尝试较为积极。但是，由于涉世未深，自我控制能力差，他们一不小心就可能会做出违反国家法律和社会道德的事情。高校应发挥学生管理工作的优势，引导大学生明是非、辨美丑，不制作、不传播、不散布有害信息，树立良好的网络道德品质，自觉抵制不良文化的侵蚀。

2. 开展“线下+线上”日常管理模式

大学生不同的学习经历及人生阅历，给高校学生管理工作带来了巨大的挑战。高校可以充分利用新媒体及信息技术手段，调整现有的学生管理模式，结合学生管理实际，创新开展“分类管理”，开发更广泛的教育与管理平台，将信息收集与整理、分析与使用相结合，使学生管理工作更加科学化、合理化。随着“互联网+”模式的广泛应用，高校学生管理工作也应紧跟时代潮流，通过设立公众号、微博、微信群、QQ群等方式，定期发布通知及学校新闻等，让学生了解与自己有关信息的同时，也随时了解学校的发展建设。

设立虚拟学生管理工作者，实行“线下管理+线上答疑”的模式，除了在线下面对面交流，还进行线上答疑、在线日常事务发布、在线学习等，对学生基本信息、学习、实践和考核等表现情况进行严格记录，以保证信息及时、准确，确保学生正常的生活、学习秩序，实现学生分类、有重点、点对点的动态管理，使学生尽快适应校园生活，提高学生管理工作的成效，进一步建立健全自我规范的常态化管理机制。

3. 建设科学的学生管理评价体系

为衡量高校学生管理的实际效果，需要建立一个科学合理的多元化管理评价体系，以便对高校学生管理情况进行客观公正的评价。

（1）构建多元化的学生管理评价主体

从学校外部评价来看，高校学生管理评价主要包括政府及高等教育主管部门、用人单位等两个评价主体，被评价的对象为高校。从学校内部评价来看，高校学生管理评价则包括校领导、职能部门、系或学院等二级单位、学生管理工作者、学生和实训基地等六个评价主体。

①外部评价主体。教育主管部门主要关注高校的综合实力，并通过评价工作对高校进行全面的评估、评价，重点对学生管理模式中的素质教育、学生管理的基本情况、就业率及社会声誉等四个指标进行评价。用人单位则主要关注高校毕业生的整体能力和职业素质或职业操守，重点关注其综合素质，并可对毕业生质量和学校的社会声誉进行评价。

②内部评价主体。作为高校的领导，既可对所有的学生管理评价指标进行评价，又可对负责学生管理工作的中层干部及其工作业绩进行评价；实训基地应对学生在实训基地的表现进行评价，并将其作为学生综合素质指标中的重要组成部分；职能部门及二级单位则可对学生的综合素质情况进行评价；二级单位与学校职能部门则可以相互评价；学生可对二级单位及学校职能部门的工作情况进行评价。

（2）设置多元化的学生管理评价指标

鉴于高等教育部门对各高校的评估工作已经有了完善的流程、成熟的方法和健全的指标，因此在这里暂不对主管部门的评价指标进行探讨，而仅对内部评价主体的评价指标设置进行探讨。

高校在设置评价指标时，要按照分层设置、全面公平的原则来确定评价指标的总体架构，同时又要兼顾阶段性操作原则，如学期考核和学年考核相结合，同时兼顾定量考核与定性考核相结合的原则，以及各评价主体均可参与考核的原则。

第三节　高校学生管理工作手段的探索发展

一、高校学生管理工作的激励管理手段

（一）高校学生激励管理手段应坚持的原则

激励是高校学生管理工作者需要掌握的最具有挑战性的技能，它既要基于高深的科学理论，又要具有艺术性。为使激励取得效果，必须掌握一些正确的原则。

1. 客观性原则

客观性原则是指学校在制定和落实激励制度的过程中，要立足学生的实际情况，遵循学生的身心发展规律和学校的教育规律，有针对性地进行激励活动，注重客观事实，避免主观随意。无论是学校激励的主体，还是学校激励的客体，都是客观存在的，高校学生管理工作者和学生的需求也是客观既定的，高校在制定针对学生的激励机制时要先全面了解学生的需求、关注点，然后分层次、有目标地设置激励机制，提高激励效果。

2. 方向性原则

所谓方向性原则，是指高校学生的激励机制设置和实施要始终坚持正确的方向，着力调动学生的积极性、创造性。面向高校学生的激励机制主要是为了最大限度地调动学生和学生干部的学习及工作的积极性，不断满足他们的合理需求，切实解决他们的实际疑难问题，同时要引导大学生产生积极向上的行为。高校要明确向学生指出学校和社会提倡赞同的是什么，反对的是什么，要在满足学生不同需求的基础上具有方向性和指引性，即高校中的激励机制应该把学生内在的积极性引导到学校和社会所要求和期望的方向上，帮助学生准确定位和更好成长。

人的需求是多样化的，学生群体同样如此，高校有必要正确引导学生的积极性和奋斗目标，避免目标不明确、落实不到位的现象发生。而一切积极性

的动力源泉是人的需求，因此，高校要从学生的需求入手，了解学生的需求、尊重学生的需求，满足学生的合理需求，并引导学生将需求朝着正确的方向调节和升华。在高校学生激励机制的设置和实施过程中，要始终坚持正确的目标导向，对学生的行为进行不断地修正与调节，并在实施过程中及时反馈具体情况，总结经验教训，巩固激励效果，促进学生全面发展。

3. 公平性原则

心理学家亚当斯（Adanms）认为，在激励过程中，组织内个体的工作状态和积极性一方面会受其所得的绝对回报的影响，另一方面还会受到与他人比较之后的相对回报的影响，而且后者影响更大。一旦行为人觉得自己的回报与预期相比或者与他人相比不对称，就会感到公平性不够，行为的积极性就会降低，激励效果就达不到最佳状态。因此，高校在设置激励机制时要注重公平，深入细致地了解学生的需求和关注点，最大限度地做到公正无私，改善管理方式，提高管理水平，使激励过程有效完成。

为了使激励真正做到公平，首先，激励制度的制定要公平公正，并且以同样的标准平等对待每位学生。其次，激励的程度要适宜适当，无论是物质激励还是精神激励都应该有个合适的度。最后，要共同努力营造公平的氛围和环境。激励一般是对行为人行为的评价或评判，是对行为人行为过程的综合体现。高校必须让学生站在同一起点上，从起点消除差异，做到真正的公平公正，以确保激励条件、激励环境都是公平的。

4. 发展性原则

所谓发展性原则，是指激励机制的设计和实施是动态的，是一个发展的过程，要以发展的眼光和创新意识去认识学校的激励机制，并不断完善，不断根据实际情况进行调整，以确保激励机制有针对性地高效运行。

发展性原则要求高校的管理者，也即激励机制的制定者，要用发展的思维和眼光看待学生的需求，理性看待不同学生之间存在的差异，深入分析，针对不同对象实施不同程度的奖惩激励措施。在实施某一具体的激励措施时，必须从学生的实际情况出发，实事求是，着眼于学生这一激励客体的身心变化和需求变化，善于调动学生的创造性和积极性，结合内外界环境的有利因素，促使学生进行自我调整、自我进步。

5. 系统性原则

激励是一种极为复杂的心理和行为现象，会受到学生个性差异、文化背景、组织环境及激励方法、手段等多方面因素的影响和制约。因此，在激励过程中，必须坚持系统性原则，整体把握上述激励要素之间及要素与整体之间的内在联系，在发挥各个要素独特效用的同时，充分重视各种激励机制、相关因素、激励方法和手段的协调配合与综合运用，使激励系统的总体功能达到最优。

6. 差异化原则

在高校中，每一个学生作为相互独立的个体，其需要结构、个性特征、能力素质都存在不同程度的差异，同一种激励方式或手段作用于不同的学生，会导致不同的反应与效果。因此，在激励中必须采取差异化原则，根据对象和环境的差异采取相应的激励方法和手段，以求达到最佳激励效果。

7. 适时适度原则

所谓适时适度原则，应用于学校，是指激励者要在一个恰当的时机对被激励者实施激励，而且激励的程度要恰如其分，从而确保激励会收到较好的成效。研究表明，激励进行得越及时、程度越恰当，激励效果就越好。如果激励实施得正是时候，有效率可高达80%；如果激励实施滞后，有效率不足10%。因此，适时适当的激励，其效果才最好。

激励机制的适时和适度是互相联系和相辅相成的。只有适度适时并存，不分先后主次，才能最大限度地发挥激励的作用。

8. 规范与教育相结合的原则

所谓规范与教育相结合的原则，是指一方面调动学生的学习积极性，另一方面把学生的行为控制在合乎学校规则的范围内，要把针对学生的激励与教育和学生行为相对应。

一些不适当甚至过度的激励行为，比如大量大额向学生发放奖金和财物，过分鼓动学生重视和追逐名利，都是与教育的本意相违背的。又如，对于学生发生的违规情形，不分具体情况一味进行严惩，也是违背教育原则的。因此，规范与教育相结合的原则就是要求学校的规范制定要具有权威性，制定激励制度时要以国家的法律制度和政策法规为基础，并结合学校的相关规章制度和实际情况，要经过多方认可，不能主观臆断。

同时，学校教育应具有科学性、针对性和艺术性。在学校激励机制的设计和实施过程中，要充分挖掘学生的潜力，调动学生的积极性，学校管理者和教师要有计划、有层次地去认识和研究学生的心理状况。

另外，规范与教育是分不开的，是一个有机结合体，用规范去约束、引导学生，这其实也是一个教育学生的过程，而且教育的方式与方法要遵循一定的规范。

9. 物质激励与精神激励相结合的原则

实践证明，物质激励与精神激励是互为条件、相互作用的。只有将二者有机结合起来，才能达到激发学生积极性的目的，削弱其中任何一方都会降低激励效果。

因此，学生管理工作者在实施激励的过程中，一方面要运用奖品、奖学金等物质激励手段，通过满足物质需求来调动学生的积极性；另一方面，要高度重视精神激励手段的作用，满足学生尊重、发展、成就等方面的精神需求，从而形成更为强大、持久的激励力。

（二）高校学生激励管理手段常用的方法

激励是高校学生管理必不可少的手段。所谓激励，是指激发人的动机，诱导人的行为，使其发挥内在的潜力，为实现所追求的目标而努力的过程，其实质就是调动人的积极性。激励方法是否得当，直接制约着高校学生管理工作效率的高低，因此从某种意义上说，激励是高校学生管理工作的核心因素，地位举足轻重。管理者必须掌握激励艺术，有效发挥激励作用，促进大学生全面发展、健康成才。常用的激励方法有以下几种。

理想激励法即通过唤起大学生的理想追求，鼓励大学生为实现自己的人生理想而努力学习和工作。这种激励法可以增强大学生的自豪感。

目标激励法即引导大学生不断朝着制定的目标奋进，使他们感到学习工作有奔头。这种激励法可以增强大学生的责任感。

信息激励法即帮助大学生明确自身的实际情况，从而引发大学生的危机感，增强其紧迫感，使其更加努力地朝着目标奋进。

榜样激励法是培养大学生自觉遵守道德规范，形成具有时代精神的大学生风范的有效手段和重要方法。榜样的作用可以增强高校学生的活力和凝聚力，提高大学生的素质。榜样是在道德实践中产生的，一般情况下，榜样的形象是完美的，值得每个社会人追求效仿和学习跟进。榜样具有感召力，可以带动社会良好氛围的形成，而榜样激励是为学生提供行为示范的有效手段，可以促使学生身体力行。

奖惩激励法是指通过鼓励人们符合要求的积极行为，限制人们不符合社会期望的错误行为，以引导人们采取正向行为的激励措施。其中奖惩，就是通过一定的物质方式或者精神方式，对行为规范、目标明确、表现优秀、达到管理要求的人或事给予肯定；而对于消极懈怠、不积极进取，甚至违反管理制度、表现差的人或事给予否定，进行批评教育，甚至进行惩罚的一种方法。

在运用激励法时要因人、因事、因地灵活运用，并且要讲究时机、适度运用。这样，管理就会取得更好的成效，管理水平也会自然而然地提高。

二、借助“互联网+”助力高校学生管理工作手段发展

（一）“互联网+”助力高校学生管理工作的优势

1. 全面提高高校学生媒介素养

“互联网+”时代高校学生媒介素养不仅要完善对新媒体的监督管理体系，而且要发挥社会、学校、媒体与家庭四方面的联动作用，构建“四位一体”的媒介素养教育体系，全面提升高校学生媒介素养。①

（1）学校方面

①营造媒介素养教育氛围，进行媒介素养宣传。高校校园应充分利用自身传播知识和文化的优势，加大对媒介素养宣传力度。校园广播、电视台、报纸、期刊、社团等都是校园媒介素养宣传的舆论阵地，它们作为大学生的精神环境，对大学生有着不可替代的潜移默化的影响。因此，加强校园媒介素养宣传，就要形成全方位的校园舆论环境，利用各种媒介形式和手段，营造良好的

① 白利红．新媒体环境下高校学生管理的挑战与对策探究[J]．新闻研究导刊，2022，13（1）：202-204．

媒介素养教育氛围。

②开设媒介素养教育课程，建设高素质媒介素养教育队伍。媒介素养是一个新的课题。大学生对媒介素养这一名词既熟悉又陌生，对媒介素养教育学科的含义也缺乏较为理性的认识，在高校教育中开设媒介素养教育课程是解决大学生媒介素养问题最有效、最科学的方法之一。

③充分利用高校校园资源，增加媒介认知。校报、校园广播电台、电视台、校园微博等都是大学生可以接触并参与其中的媒介资源。高校应充分鼓励大学生利用校园媒介资源，如建立校园校报编辑室，让大学生亲自去采集、编辑、制作和发布信息；开设校园微博，建立校园微博管理委员会，让大学生参与微博的创造、传播和管理等一系列过程。

（2）媒介方面

①媒介从业人员必须发挥“把关人”的作用，提高自身的公信力。媒介从业人员在信息生产和信息传播方面应扮演好“把关人”的角色。面对大千世界中纷繁复杂的各种信息，媒介从业人员理应帮助大学生正确认识社会、积累知识，使每一位大学生在媒介所传递的正确价值导向中逐步得到提高。因此，媒介从业人员就应努力提高理论水平，同时要坚持正确的舆论导向，以正确的舆论引导大学生，使那些辨识能力弱的大学生认清真实的信息。另外，媒介从业人员必须具有职业道德，对自己的职业行为所产生的社会作用和社会意义承担相应的责任。

②媒介机构和高校合作，为大学生提供实践平台。媒介素养教育与媒介实践是双向互动的，大众媒介应与高校合作，为大学生提供更多的实践机会。例如，媒介机构与校园联合发起一次“DV校园新闻制作”大赛，媒介专业人士走进高校为大学生提供专业指导，大学生从拍摄到加工再到制作全程亲自参与，最后评选出优秀的作品在媒体平台播出，使大学生在获得成就感的同时能收获相应的媒介知识。网页制作大赛、校园新闻制作大赛等无疑都可以成为媒介机构与校园合作的形式。与此同时，学校还可以定期邀请知名主持人、经验丰富的编辑人员、记者等走进高校，与大学生进行面对面的交流互动，增加大学生对媒介的感性认识，消除大学生对媒介的陌生感。只有这样，大学生才不会被媒介的形式和内容“牵着鼻子走”，成为媒介的理智消费者。

2. 搭建高效网络平台

评价校园网络平台的关键性指标是内容、准确度及更新速度等。目前的高校学生大多是随着网络一起成长起来的，若想利用网络吸引他们的注意力，需要具有特别的形式、丰富的内容、快速的更新频率。因此，高校校园网络平台应该改变原有的形式呆板、内容简单、功能单一、更新迟滞等不足，更好地解决吸引力不足、利用率低等问题；应该完善校园网络平台的功能，提高用户参与程度，更好地促进高校的发展。

针对上述情况，高校在打造特色网络品牌时，应更好地利用社会上较成熟的、影响力较大的媒介。

3. 实现教育管理服务一体化发展

（1）各高校之间多元化竞争激烈

从传统的高校竞争方向与排名看，作为实施“双一流”建设的高水平大学为争创世界一流大学在努力拼搏；作为教学研究型的地方高校为进入国内一流大学行列的竞争更是空前激烈；其他类型高校也是努力发展，提高水平和增强实力，竞争同样激烈。各大高校即使不断努力，差距也很难在短时间内缩短，尤其是沿袭别人的老路，以原有的思维模式、价值尺度和质量标准去发展，更不可能有所作为。因此，高校不能采用单一路径奋起直追，而要用更加开阔的视野、更有效的办法，集中更多样的资源，走多样化、跨越式发展之路，才能既夯实基础、扎扎实实地做好基本工作，又大胆、前卫地改革，建立起新的视域、新的路径，充分运用好灵活激励的机制，发掘组织内部多样化的资源，走超常规发展之路。

（2）教学管理与学生管理一体化

高校学生管理工作手段要大胆改革，积极创新，就要从调整机构设置、优化人员配置、完善分工协调入手。一是可尝试撤销学生处，将学生处的部分管理职能划归教务处，教务处设置教学运行管理、学生管理、教学基本设施建设管理和实验实践教学管理四个职能机构；二是继续将二级学院管理职能的重心下移，分管教学的学院领导要协调学生工作，使教学与学生工作有效融合，加强、完善和优化学院办公室职能人员配置，学院办公室统一负责教学、科研、学工、党务、行政人事工作的日常管理，从而为教学管理和学生管理一体化提供组织保障。

（3）完善和创新一体化管理制度

在现有的教学管理和学生管理各项制度的基础上，根据一体化管理目标要求，协调学校学工部、学生社区、校团委与各学院功能，优化各学院教学与学生管理职能，探索建立一个运行有效的教学和学生管理一体化管理模式、管理制度，使学生管理工作“到边到底到位”。例如，可以试行教学与学生管理联席工作例会制度、任课教师和辅导员交流协作制度、教风与学风建设联动制度等，并计划由教务处牵头，社区、校团委、学生学业信息咨询中心、各学院共同参与，完成教学与学生管理一体化的基本框架建设，从而为一体化管理提供制度保障。

（4）加强一体化管理的信息化建设

教学管理和学生管理统一信息系统的建成，可以实现信息的集中管理、分散操作、信息共享，使传统的管理向数字化、无纸化、智能化、综合化及多元化的方向发展。因此，高校要进一步完善教学管理和学生管理信息系统的建设，以实现教学与学生信息资源共享，促进管理的规范化，增强学校和学院两级教学与学生一体化管理协作，使其更好地为学校的育人服务。当然，教学与学生管理信息系统涉及面广、功能性强，它的应用在为学校教学与学生一体化管理工作带来高效、便捷的同时，也将对今后的教学与学生一体化管理工作提出全方位的、更高的要求。

（二）“互联网+”助力高校学生管理工作手段发展的实现路径

1. 增强学生网络法治意识，加强网络文明建设

当前，我国关于网络的相关法律法规还不完善，高校对大学生网络法治意识与网络文明的宣传教育力度不足，加上对大学生的网络行为缺乏正确、有效的引导，导致大学生网络法治意识与网络文明意识普遍不强，从而造成大学生网络行为规范缺失。高校作为大学生网络法制与文明建设的主要场所，并未有效占领网络法制与文明建设的前沿阵地，未能形成良好的校园网络文化氛围。针对这一现象，首先，国家要根据网络发展的新情况和新问题，及时制定和出台一系列适应网络环境快速发展的新法律法规，不断提高打击网络犯罪与抵制

网络不文明行为的能力。高校学生管理人员要加大对学生开展网络普法教育、网络安全教育和文明上网教育的力度，积极引导学生以遵纪守法为荣，主动思考有关网络法律问题。例如，利用社会上的一些典型案例教育学生触犯网络法律应承担法律责任，以示警醒；同时，可在学校相关网站上开辟寓教于乐的法治教育网页，设立在线互动答疑等栏目，发动学生积极参与；对网络违法现象与不文明行为坚决说“不”，在潜移默化中提升大学生的网络法治意识与网络文明意识。其次，必须坚持他律与自律有机结合，倡导在学生群体中形成互相监督、合法文明使用网络的氛围，使学生分散的网络文明行为凝聚成有组织的共建网络文明的行动。在这一过程中，应充分发挥学生党员的模范带头作用，培养一支政治立场坚定、作风正派、网络技术过硬的学生党员队伍来充当网络文明使者，利用他们来自学生当中、便于与学生沟通、易于被学生接受认可的优势，引导好大学生的主流价值观，使他们肩负起宣传网络法律法规、倡导网络文明的重任。①

2. 充分利用网络资源，拓展学生管理服务空间

在现阶段的实践中，网络技术与资源在高校学生管理工作中的应用还处于初始阶段，很多都停留在形式上，没有落到实处。要切实在网络上开展学生管理工作，必须坚持管理与服务相结合的原则。一方面，要增加校园网络的信息量，在校园网络平台上，除了应该包括学校的各种方针政策、规章制度和通知等常规信息外，还应包含各种大学生常用的学术、生活社交网络资源，努力把校园网络建设成一个便于大学生学习、生活的综合性平台。另一方面，拓展针对学生的网上服务空间，如开展网上心理咨询、网上就业信息咨询、勤工俭学信息咨询、网上社团活动等，努力利用网络的优势来消除某些管理工作或服务在现实操作中的局限性，开创高校学生管理工作的新局面。例如，大部分心理有问题的学生都不太善于交流和沟通，而网络可以为了解学生心理动态和进行心理咨询提供一个全新的平台。利用网上心理咨询服务，可以消除面对面的尴尬，避免现实交流带来的障碍；可以慢慢地了解问题学生的心理，使其敞开心扉地宣泄内心的情绪，学生管理工作者可以对症下药，准确地引导学生的行为。

---

① 盛丹. 互联网思维视角下高校学生生态管理模式探究[J]. 环境工程，2022，40（2）：36-37.

3. 树立网络时代意识，提升学生管理网络技能

高校学生管理面临的环境发生了变化，网络信息技术的快速发展向传统的高校学生管理理念与方式提出了新的要求，这是新时期高校学生管理工作必须正视的现实环境。学生管理工作者要想有足够的能力应对在新的教育管理环境中出现的新问题，就必须提升自身的信息素质。要提高现代网络技术应用能力，充分利用网络资源优势，拓展高校学生管理工作的空间，以增强学生管理工作的针对性和实效性。

此外，基于传统的教育理念，学生对教师都是既敬又畏，在教师面前难以敞开心扉，真实地表达自己的所思所想。而网络隐秘性与虚拟性的特征使网络交流少了现实中面对面交流的尴尬和顾忌，现在大部分学生都热衷于通过网络平台表达自我，会把自身的心情、心态或者对事件的观点及时通过网络来表达。这样的情况导致管理者对学生的思想难掌握，对问题难发现，久而久之，师生关系也渐行渐远。多关注学生在网络上发表的信息，可以及时掌握学生的思想动态，从而对症下药，将一些不良的思想遏制于萌芽状态；相对于以往传统、低效的育人管理环境，当前高校学生管理工作成败的关键在于学生管理工作者能否在第一时间准确地获取高质量的信息，学生管理工作者只有在知己知彼的情况下才能做出正确有效的决策。

4. 注重网上管理与网下管理相结合

无论信息技术发展得如何迅猛，网络技术与高校学生管理工作结合得如何紧密，高校学生管理工作者必须明确，学生管理工作不是在做“虚拟世界”的工作，而是在做“虚拟世界”背后的学生主体的工作。利用网络平台开展高校学生管理工作，要做到网上管理和网下管理相结合，做到以情感人、以理服人。同时，加强校园现实空间的软件和硬件建设，以增强现实空间对学生的吸引力。很多大学生沉迷于网络的虚拟空间，也是由于在现实世界中，他们的很多想法和诉求都得不到满足，只能在虚拟世界里寻求慰藉。为改变这一局面，学校要多开展受学生欢迎、易于被学生接受的校园文体活动，尽可能使学生的心理诉求在现实中得到满足，让他们有平台与机会各尽其能，从而增强现实校园对学生的吸引力，增强学生的幸福体验。

综上所述，随着信息时代的到来，在人们生活或学习的各个领域中都能看

到互联网的影子。互联网利用其多种功能不断地丰富着人们的生活和阅历，将各种思想和信息有效地传播。因此，互联网在学生管理工作中发挥着重要的作用，有利于管理手段的创新。现阶段，很多学校鉴于学生不断增长的网络需求及互联网极强的功能，逐渐建立起网络平台。网络平台在学生管理工作中发挥了不可替代的作用，使得学生管理工作效率也逐渐得到提高。

第八章

高校学生管理模式的多元化发展

第一节　高校学生人格化管理模式

综合各国对于新时期人才的要求，我们可以发现，现代的人才需要更高的能力和素质，肩负着更大的使命。例如，要具有良好的社会责任感，要树立明确可行的生活目标，要具有学习能力和创新能力，要具有不断适应时代需求的能力等。上述一系列能力的培养都需要一种现代的、注重学生内涵培养的管理模式。人格化管理模式注重对学生内涵的培养，这对于学生的成长、大学文化的繁荣都具有重要意义。①

一、人格化管理模式的内涵

所谓人格化管理，就是在管理过程中充分关注人性要素，以充分挖掘人的潜能为己任的管理模式。

从管理的指导思想到具体的管理原则和方法，人格化管理都是从人出发、以人为中心。它的实质在于充分尊重和理解被管理者的个性和创造才能，充分调动他们的主动性、积极性和创造性，并使其更好地投入工作，更有效地实现组织目的。其具体内容包含很多要素，如对人的尊重、充分的激励、给人提供

① 兰敏利，马健，冯鑫．新时期高校思政教育与学生管理研究：评《高校思想政治理论课程建设研究》［J］．科技管理研究，2021，41（3）：214．

各种成长与发展的机会。

同一所高校的学生往往具有一定的共性。很多高校的学生因高校的底蕴等方面的不同，形成了不同的学校人格化，同一班的学生也会有一定的共性，呈现出各个班级不同的风貌，形成不同的“班级人格化”。这种现象也出现在高校公寓里，形成“公寓人格化”。高校校园还存在其他很多方面的人格化，这些“人格”都是从心理学角度定义的，指的是这一类人的内涵，这一系列的人格化与学生顺利步入社会，积极参与竞争，收获事业、生活的成功有很大关系。

二、学校人格化管理的实施内容

学校人格化管理工作要从以下几个方面实施。

①强化规章制度的管理。

②确保良好的学习环境和学习氛围。

③形成良好的精神风貌。

学校人格化管理属于学生管理的高级层面，掌握着整体的动态，起着统筹、规划、指导的宏观作用。这类管理要从领导层面出发，在学校的基础设施、师资力量、学术建设等方面投入更多的人力、物力、财力，制订相关的工作计划，树立长远目标。要务实求真，不可急功近利、只图表面功夫。

三、班级和公寓人格化管理的实施

班级、公寓作为高校学生管理的基层单位，起着非常重要的基础作用。班级和公寓人格化的管理要从以下三个方面努力。

（一）引导个别学生发挥人格力量

在一个班级中，总会有在领导能力方面突出的学生，这些学生的人格力量影响着班级人格化。个别学生人格力量的发挥会引导、带动其他学生，对班级人格化起到调动作用。但个别学生的人格力量又有积极、消极之分，积极的人格力量会对班级和其他学生发挥积极作用；反之，会带来消极的影响。因此，学生人格力量的发挥需要学生管理工作者的有效管控，学生管理工作者要把握尺度，引导、鼓励积极人格力量的传播，化解消极人格带来的不良影响。

（二）教育工作者发挥人格魅力

对于学生尤其是新生而言，教师、学生管理工作者等教育工作者代表了权威，在他们心中占据了一种特殊的地位。学生对他们崇拜的教师、学生管理工作者会特别尊敬并存在模仿的现象。学生管理工作者是班级人格化管理的组织者、策划者、调控者和实施者，教师是管理最主要的辅助者。这两者在班级人格化管理中发挥着重要作用。因此，学生管理工作者要有良好的工作态度、生活态度和办事作风，以便更好地感染学生；教师要有严谨的治学态度，帮助学生树立良好的学习态度和工作态度。教师和学生管理工作者要给学生树立榜样，促使班级人格化向良好的方向发展。

（三）公寓人格化管理注重细节

学生管理工作者要选那些热心、负责任、宽容大度、积极为同学办事的学生担任寝室长，用他们的能力管理寝室，用他们的行动感染寝室的其他学生。还要建立良好的寝室环境，形成和谐的舍友关系，创建多彩的公寓文化。公寓人格化的形成为其他方面的人格化奠定基础，为学生的生活创造良好环境。

第二节　高校学生社区化管理模式

随着高校社会化改革的不断深入，高校学生社区化管理也得到了重视。高校学生社区化管理，应该成为高校培养德、智、体、美、劳全面发展的社会主义建设者及实施管理育人、服务育人的重要阵地，应该是影响学生成长成才的重要环境和学校精神文明建设的窗口。因此，高校学生社区化管理应该成为高校改革的重点，高校学生社区化管理势在必行。从高校社区化管理的发展方向来看，不断完善学生社区的教育管理机制，积极探索学生社区管理的新思路、新办法，建立新型学生社区化管理模式是今后发展的方向。①

① 郳津，刘柳．社会治理视角下的高校网格化管理模式探究[J]．才智，2020（14）：64-65.

一、高校学生社区化管理的科学内涵

（一）高校学生社区化管理产生的背景

1. 适应学生群体特征

加强和深化高校学生管理工作，需要一种更切合实际、更具有实效性的管理新模式。高校学生管理工作者必须根据变化的情况，及时调整工作思路，做出应对之策。面对高等教育的日趋现代化和国际化，特别是教育教学改革的不断深化和高校改革向纵深发展的新形势，很多高校在开展党建与思想政治工作以及日常管理工作方面，与时俱进，不断创新，探索出了一条符合形势发展要求和高校实际的学生管理新路子，即高校学生社区化管理，高校学生社区化管理是加强和深化新时期高校学生管理工作的需要。

2. 教育管理的新模式

为了克服高校持续扩招带来的后勤设施不足的困难，我国高校参考国外发达国家高校后勤社会化的管理体制，或引进社会资金，或集资联建，或贷款与集资相结合，大力兴建学生公寓，并推行了后勤社会化管理，较稳定、快速地解决了学生的住宿、餐饮、娱乐等一系列学习、生活、文化活动设施存在的经费短缺的问题。但后勤社会化同时也带来了高校管理的“二元化”问题，即对学生的学习实行的是与西方高校不同的传统教学行政管理，而对学生的生活推行的是类似西方大学的社会化管理，教学计划行政管理与社会化管理事实上存在着“两个体系”。高校学生工作面临的挑战是怎样将“行政管理”与“社会化管理”两个体系合二为一，从而达到对学生人格教育的统一。在这种新情况下，高校实行社区化管理势在必行。

3. 改革传统管理模式

面对高等教育的改革和发展的现实情况，尤其是高校学分制改革的逐步深化，传统的班级概念趋于淡化，以班级为基本组织形式和主要工作渠道的情况正在改变，社区日益成为学生学习、生活的重要场所。同时，随着高校后勤服务社会化步伐的加快，学生社区的环境氛围、文化设施和管理服务的质量如何，以及社区管理模式怎样，都是对传统的高校学生管理工作提出的新问题。

因此，高校学生社区化管理被提上了议事日程，高校学生社区化管理模式是适应高等教育改革与发展的时代要求。

（二）高校学生社区的内涵

随着我国高等教育改革的进一步深入，以寝室为单位的学生社区的地位日益突出。学生社区是社区概念在学校管理中的反映，学生社区是大学生在校学习、生活、休息的基本活动场所。社会学研究表明，社区是一种地域上的存在，其实质是人的聚居与互动。就第一层意思而言，社区的特点是居民共同居住；第二层意思表明社区具有文化功能。学生社区也是一个社区，就一所高校而言，它指这所高校的所有寝室和周边环境（学生公寓）以及这种环境所能达到的最大的育人功能。

与社区概念相对应，学生社区这一概念也包含两方面内容：一方面是指区域环境，另一方面是指文化功能。就区域环境而言，一方面，学生社区是校园的区域组成之一，是校园内的地理分区，是学生的居住区；另一方面，学生社区也是学校的一个重要管理区。从社会组成结构来讲，它是组成学校管理的结构之一，学校与社区存在某种程度上的隶属关系。不过，在完全学分制实施的背景下，学生群体间专业、班级甚至年级的界限日益模糊，作为学生学习、生活的场所，其地位也应随之上升，以满足学生以居民身份与学校以及相关社会机构进行实质性对话的要求。文化功能更多地表现为社区人文环境与居民生活的相生相融，成为社区居民接受文化教育的主要阵地。学生社区在文化功能上还要承担更多的责任，要确保“文化为了教育，教育为了学生”，具有更加鲜明的目标和内容指向。

（三）国内高校学生社区的分类

从现存的全国各地高校学生社区的现状来看，高校学生社区的管理模式主要有三类。

1. 跨省（市）的大学城社区

这类学生社区的特点是规模大，入区的高校多。从入区高校所在的省（市）来划分，既包括大学城所在地的高校，也包括外省（市）的高校；从入区高校的性质来划分，既包括理工类高校，也包括综合性高校和专门高校；从入区的学校层次来划分，既包括研究型的本科高校，也包括专科学校和职业技术学院。这类大学城社区的管理体系有待加强。

2. 同省（市）的大学城社区

这类大学城社区的特点是规模较大，入区的高校较多，入区的高校属于本省（市）的高校。例如，杭州的下沙大学城，入驻的有浙江财经大学、浙江工商大学、杭州师范大学、中国计量大学、浙江水利水电学院、杭州电子科技大学、浙江理工大学、浙江传媒学院、杭州职业技术学院等高校。上海市的松江大学城，入驻的有上海视觉艺术学院、东华大学、上海外国语大学、上海工程技术大学、上海对外经贸大学、上海体育大学松江校区、华东政法大学以及上海立信会计金融学院八所高校。广州市的广州大学城入驻的有中山大学、华南理工大学、华南师范大学、广东工业大学、广州美术学院、星海音乐学院、广州大学、广州外语外贸大学、广州中医药大学以及广东药科大学等十余所高校。

3. 学生公寓式社区

由一所具有一定规模的高校构建的学生社区的特点是：在原学生公寓区的基础上，进行管理模式上的改革，即对原有计划经济条件下的学生公寓式管理模式实行社会化改革，实现社区式管理；随着学校规模的扩大，对新建的学生公寓实行社区化的管理。这类由单个学校构成的公寓式学生社区在全国也有不少，以浙江省为例，绍兴文理学院、湖州师范学院、湖州职业技术学院等都拥有学生公寓式社区。

（四）高校学生社区化管理的优势

实践表明，实施高校学生社区化管理不但可以较好地应对高校后勤社会化改革与教育教学改革给高校学生教育管理带来的新机遇、新挑战、新任务和新问题，而且可以使学生党建与思想政治工作的着力点更明确，体系更完善，育人机制更健全，对学生的教育管理成效也更明显。其主要优势表现在以下几个方面。

1. 有利于优化服务和育人环境

在以社区党总支为核心的管理体系中，综合利用好各种服务机构，加强统一指导，能为学生的成才提供一个更加完整、科学、有序的体系和空间，使社区的管理和服务更加快捷、完备。社区化管理可以科学整合各种资源，增强管理合力，在社区管理体制下诞生各种健全、富有活力的社团组织，为社区创造浓厚的科技文化氛围，为学生素质的提升提供更加立体的空间，对学生个体知识结构的完善、个性的培养发挥更加积极的作用。从管理和经营角度提出社区的统一管理思想和教育理念，为学生的成才和教育机构的育人提供了更加优化的内外环境，能够有效保证高校连续扩招后学生管理质量和学生素质的稳步提高。

2. 有利于优化管理和提高育人效果

社区化管理营造了以人文素质教育、健康成才教育等为主要内容的德育氛围。在这个氛围中，学生真正成为学校服务的对象和主体，所以学校自始至终坚持把学生的成才放在第一位。如果要在整个教育过程中真正地贯彻这一主旨，就必须为学生的成长与发展提供良好的物质条件，在此基础上创造良好的“求知、求真”的学术氛围，给予学生一种积极的引导，使学生在良性的德育氛围的感染熏陶下主动去锻炼、提高自己，最终培养学生良好的生存适应能力。

3. 有利于促进交流和情感联系

近几年出现的一些学生与学校间的法律纠纷一度成为整个社会关心的热点问题。专家指出，出现这些问题的一个很重要的原因是学生与学校之间缺乏必要的、平等的交流与沟通，因而引发了学生、家长、社会与学校之间的诸多矛盾。而社区化管理改变了师生以前对社区化管理改革的消极认识及评价。学生管理工作人员和学生社区中的党团组织机构与心理咨询机构的工作，缩短了学生与组织间的空间距离和心理距离，进一步体现出学生管理工作应具备亲和力与感染力的特点，师生之间、学生与组织之间、学生与学校之间的关系也更加自然和谐。

二、高校学生社区化管理的发展策略

（一）完善运行体系，优化体制机制

机制是高校学生社区化管理不可或缺的“软件”，建设学生社区需要完善三大机制，即学生社区的运行机制、学生社区的志愿者参与机制和学生社区的内部激励机制。

学生社区的运行机制是学生社区得以正常运转的前提。利用学生社区公共

设施和相关权力，以满足服务需求为目标，不断提高服务质量，保持服务的功能成本，长期维持服务的再生产，这种周期性的进程状态是学生社区的运行机制。这一机制本身说明学生社区组织的非营利性，或者说非营利性是学生社区行为的特征之一，是学生社区自我服务、自我调节功能的体现。不断地实现这一机制良性运转的关键是保证服务质量，服务质量同样也是确立学生社区形象的基础，是学生社区存在必要性的证明。①

学生社区的志愿者参与机制解决的是培育学生社区人文生态环境的深层次社会文化问题。在西方发达国家，社区的志愿行为是社区存在的基石。在学生社区中建立一支具备一定数量和质量的志愿者队伍不仅是一种管理现象，而且是一种文化现象。事实上，志愿者本身是社区意识的内在有机组成部分，是社区成员积极参与社区事务的显著表现。在学生社区，志愿行为是建立一个“以人为本、文明互助、共同参与”的和谐学生社区的重要途径。

学生社区的内部激励机制是学生社区凝聚人心、发挥作用的保证。学生社区的非营利性能否像企业一样产生关注效率的动力，是一个复杂的问题。

其一，非营利性组织的动力主要在于获得居民的满意和社会的认可，这是一种深层次的心理需求。市场经济促使人们为利而动，在这种情况下，为他人和社区努力工作的人尤其会得到他人和社会的尊重。

其二，个人运用社区职能通过解决社区矛盾进而解决个人问题，是弥补个体力量薄弱的有效途径。一个发育良好的学生社区环境通过事务公开化、透明化，将工作者的各种努力、困难、成绩和失误显现出来，让工作者靠来自他人的反应去推动自己努力改进工作，从他人眼中看到自己的状态，从而调整自己的行为，进而完善自我。

（二）借鉴国内外经验，强化实践创新

传统的学生工作观念一直轻视寝室的育人功能，将寝室当作完全的物化性存在，因而在实际工作中只重视学生对生活环境的维护与保持，没有自觉地发挥学生寝室作为学校育人工作环境之一的应有作用。同时，由于工作视角单纯停留于单个寝室，而未能将以寝室为单位组成的学生社区纳入视野，我们也很

① 周维．现代治理视角下高校学生组织发展探析[J]．读天下：综合，2020（16）：1.

少注意学生社区育人功能的发挥。学生社区不仅有区域概念，同时也有育人功能，然而由于这一功能的隐性特征，我们未能准确地把握。以上种种观念、观点的误区导致我们未能认真地思考学生社区的作用，自然不会进一步去考虑如何建设好学生社区了。

在高校，学生的专业教育一般由各个院系来完成，学生的思想政治工作由学校和院系学生工作组织来完成，学生的物质生活需求由后勤部门来满足。而对学生进行未来生活训练，把他们培养成遵守社区规范、具备相应社区意识的文明公民的教育任务没有一个成形的组织来承担，这无疑是高等教育的一个疏漏。从这个角度讲，建立学生社区、完善学生社区管理是完善高校育人职能、优化高校育人环境的必要举措，是当前高校学生管理工作迫切需要解决的问题之一。只有意识到了这一点，自觉地将学生社区建设纳入学生管理工作，并给予其应有的地位，学生社区培养社区现代公民的育人功能才有实现的可能。因此，要加强理论建设和创新，一定要贯彻开放办教育的理念，不断增强学习意识与开放观念。高校学生社区化管理需要改革者的开放观念和博大胸怀，通过不断比较发现差距，促使在社区化管理的过程中自觉主动地探索理论，积极准备改革所需的条件，提倡各高校之间的交流与合作、互促互进，在实践中不断积累宝贵经验，夯实理论基础，加强实践创新，为高校学生社区化管理向纵深方向发展而共同努力。

（三）调整和平衡“管”与“教”的关系

学生社区建设是一项系统工程，必然需要对原有学生社区管理结构进行调整，科学处理教育和管理的权责关系。首先，必须结合高校实际对原有学生工作进行结构性调整，并建立健全相应的规章制度；其次，要从根本上解决这些问题，还需要处理好管理载体、教育平台、育人方式等全方位的问题。因头绪纷繁芜杂，加之无成形的经验可借鉴，解决问题的难度还较大。但以结构调整为切入点，是一个比较可行的思路，具体实施过程中需要处理好以下几个关系。

1. 处理好学校学工部门、团委与学生社区管理委员会的关系

学生社区管理委员会（以下简称学生社区管委会）是校学工部的职能部

门之一，是学生社区管理中最具有实权的管理组织，尤其在实现学生社区的维权功能方面，其作用更加明显。学生社区主要通过学生社区管委会实现与相关部门的平等对话，解决实际问题。团委介入生活区管理，主要体现在对生活区成员的思想教育与严格管理方面。各学院的学生工作办公室的主要负责人一般也是学院的团总支书记，因而共青团组织的介入有利于加速形成一支由各院（系）团总支专职干部、各学生辅导员组成的公寓思想教育、纪律管理、寝室内务管理的队伍，有利于各项活动的协调，保证公寓后勤管理的顺利开展。同时，团委是学生思想政治工作与校园文化工作的主角之一，团组织又直接指导各级学生会组织，有利于将寝室文化活动纳入整个校园文化建设去综合考虑，从而引导寝室文化向高层次发展。

2. 制定制度和机构设置要同步

为了学生社区工作的顺利开展，制定诸如《学生社区居民公约》《学生寝室管理条例》《学生社区安全保卫制度》《干部教师联系学生社区制度》等相关制度是必需的，但从目前学生工作的状态来看，能否保障学生社区管委会具有相应的生活区管理权利，能否保障学生作为生活区居民与学校、后勤等部门具有平等对话的权利，以及能否保障学生通过民主渠道参与生活区乃至学校相关事务，是影响学生社区生命力强弱的决定性因素。

3. 根据学生社区职能，设立相应的管理机构

学生社区管理支委设学生社区区长一名、副区长一名、志愿者队长一名，也可根据实际情况适当增加管理人员的数量，从而形成以学生社区区长、志愿者队长、楼长、寝室长为主的学生社区管理基层机构。校院级学生社区管理机构可在原有学生寝室管理机构（如寝管会）的基础上合理增加或强化学生社区的相应职能（如学生权利维护等）。这种管理方式并未对原有的学生管理结构做大幅度的调整，从而使其更具有现实的可行性。

三、高校学生社区化管理的发展方向

（一）转变工作思路，树立以学生为中心理念

随着高校教育教学改革的深入，学生管理工作也应与时俱进、转变思路，

树立以学生为中心的理念，做到教育和引导相结合、教育和管理相结合、管理和服务相结合。

1. 树立服务意识

学生管理部门要放下架子，迈开腿，走近学生，了解学生，从学生的实际出发，关心学生，服务学生，要始终坚持以学生为中心的服务意识和理念。传统的学生管理对学生进行的是严格的规范约束，学生管理部门只扮演管理者的角色，学生只能处于从属或被动的支配地位。这种管理模式忽视了对学生的引导和教育，使学生管理工作“狭隘化”，不利于学生自主性、主动性的发挥。

2. 维护学生权利

根据“依法治校”的要求，在校学生有维护自身权益的权利，当然也有应尽的义务。高校在推进管理的同时，要维护学生的合法权益，在程序正当、依据明确、证据充足的前提下处理学生事件，同时要保障学生享有陈述权、申辩权和申诉权。学校和学生都必须以法律或法规为准则，不能超越法律开展教育和学习活动。

3. 强化学生自治

学生管理工作者在对学生进行管理的同时，也应平等地对待学生，并且要处理好和学生的关系。学生管理工作要由“学生工作处直接领导，以辅导员为中心”的学生管理方式，向“以学生工作处为指导，辅导员入驻学生公寓，拓展延伸到生活区，强调学生自治为主”的学生管理方式转变。学生管理工作要使学生认识到自己不仅是被管理者，还是管理者，从而有力地提高学生自我管理、自我服务、自我教育的积极性。

（二）结合高校发展，弘扬和培育大学精神

大学精神是高校发展的重要精神动力。大学精神的本质是创造精神、批判精神和社会关怀精神。弘扬和培育大学精神要求高校做到以下三点。一是要保证高校自身的根本生命力。高校作为人才培养的基地，创造性是其核心特质。在强化学生专业知识学习的同时，还要训练学生谨慎的思考态度、谦恭的行为、参与管理的能力，让学生在参与管理和服务的过程中，挖掘潜力、勇于创新、大胆尝试，全面提升综合素质。二是要拥有海纳百川的博大胸怀。高校

的发展无不是在继承传统的基础上，接纳新思想、包容新观念、鼓励新思路的过程。学生也要在这种精神的引领下，融入母校的发展，通过建立各类学生自治组织，参与到学校发展方针和战略的制定和谋划中，积极从学校主人的角度提出自己的意见和建议。三是要保证对社会精神文明的参与和建设。在当今社会，关注现实、服务社会已成为高校的第三职能。学生通过校园文化的教育、引导和熏陶，在慢慢接触社会的过程中，锻炼了自己的社会实践能力，提高了自己的社会认知度，增强了自己参与社会管理和服务的本领，逐步形成了自己对社会的关怀和关爱意识，具有了社会关怀精神。

（三）拓展工作重心，优化学生管理工作机制

当前，随着我国高校学分制的推广和后勤社会化的逐步深入，传统的班级、年级、系和专业的概念逐渐淡化，很多高校开始尝试让不同专业和年级的学生混住在一起，宿舍已成为学生比较固定的学习和活动场所。从时间上说，学生待在宿舍里的时间一般要多于课堂时间，宿舍的整体氛围对学生的世界观、人生观和价值观的形成影响非常大；从空间上说，宿舍不仅是学生休息和生活的场所，同时还是他们学会做人、学会相处以及获取信息的地方。因此，学生宿舍实际上已经成为课堂的延续，应该适时将学生工作重心向学生社区拓展、延伸，实现教学性事务和非教学性事务的分离。高校学生管理工作者也要仔细研究学生社区管理和教育，发挥其育人功能，努力打造具有我国高校学生工作管理特色的学生社区。

（四）强化服务功能，满足学生成长发展需求

高校学生管理工作者要学会一分为二地来看待学生工作中出现的各类问题，分析问题的根源，正确判断责任方，要做到具体问题具体分析、具体处理，避免盲目。要树立服务意识，增强服务观念，加强服务性管理、教育和引导，减少指令性管理，要牢牢把握学校的各项工作都是为学生服务的，都是为学生提供一切便利的条件以及满足学生成长成才需求的。高校学生工作部门、教育教学部门以及后勤管理服务部门要从学生的实际出发，配备各类服务教育教学和学生全面发展的设施设备，制定相关保障措施，合理安排人员，切实做好后勤服务保障工作。

（五）完善管理制度，拓宽科学化的管理渠道

学校在推进学生社区工作的过程中，要充分听取学生的意见和建议，把尊重学生放在第一位。学校要在总结管理经验的基础上，建立一套规范化、制度化、科学化的管理制度。首先，管理制度在充分考虑权威性和连续性的同时，要做到赏罚分明，奖励好的、进步的行为，处罚违反规定的行为。其次，要注重制度的“柔性”作用，适当兼顾制度的引导性和弹性。针对不同岗位，编写具体工作岗位操作规范手册，规定与岗位相符的知识、能力和技能要求。学生管理工作者上岗前要进行岗前培训，上岗后也要适时进行再教育和再培训。同时，要学会应用先进的科技和网络管理技术，推行网格化社区管理模式，提高学生社区化管理工作的效率。

（六）转变工作方式，贴近学生实际开展工作

在衡量一所高校学生工作水平的高低时，是否针对每位学生特点进行个性化指导和帮助是重要指标之一。不同的学生具有不同的个性特征，学生工作就要求贴近学生实际、有的放矢，否则成效甚微。以咨询服务工作为例，一些国外高校设立的专门的咨询工作机构，咨询内容涉及范围广，包含了学业辅导、生活指导、心理疏导、行为能力引导、勤工助学指导等，并已形成了相应的科学理论、有效的工作思路。我国高校学生咨询服务工作的系统推进相对较晚，力量还比较薄弱，需要及时转变方式，让咨询服务机构进驻学生社区，贴近学生实际开展工作。同时，要加强咨询服务的宣传和推广工作，鼓励学生敞开心扉，不回避、不拒绝，敢于进行个性化的咨询，使问题及时得到解决，以免影响学业。

（七）构建和谐校园，引导学生全面健康发展

在一些高校中，学生管理工作以学生个人及其事务为关注点，学生活动基本在校园内，有时也会延伸到校外社区，此时的学生管理工作也随之扩展到校外。在与社区、社会机构、政府等接触、广泛交流与合作的过程中，学生不但提高了工作水平，而且拓宽了工作视野。因此，从事学生事务管理的工作者，要充分认识到自己既是管理者和服务者，又是教育者和研究者。其工作就是营造一个积极、健康、和谐的学习和生活环境，为学生全面健康成长成才服务。

第三节　高校学生制度化管理模式

一、高校学生制度化管理的内涵

任何组织或团体在开展工作时均需要借助一定的制度进行管理和指导。缺乏制度化的管理，是导致企业、单位或其他组织产生管理混乱的根源。制度化的高校学生管理模式与制度化的企业管理模式存在一定的相似性，涵盖以下内容。

（一）管理规章制度

首先，高校学生管理的制度化需要设立科学、有效的管理规章制度，学生的管理工作必须基于一种合法的制度开展，并严格履行规章制度中的有关内容。其次，高校学生管理的制度化需要充分考虑学生的具体需求，制度的建立要有助于实现高校学生的自我价值。

（二）严格执行制度

在高校学生管理的相关制度制定完成以后，高校需要严格执行。若仅以制度制定为目标而不落实到执行层，则高校学生管理的制度化就是表面功夫，只能成为空谈。

二、制度化与人性化相结合的管理模式

（一）高校学生制度化管理及其局限性

制度化管理是指以科学的规章制度对人们的行为进行管束的机制。它主要依靠外在的科学理性进行管理。制度化管理是在机器生产时代产生的，在高校学生制度化管理中，学校制定了严密的规章制度以约束学生的行为，让学生减少了思想行为的散漫性、无纪律性，从而营造了一种公开透明的环境，这可以保证课堂教学的有序进行。

制度化管理是以教学为核心的，它倾向于把课堂的教学过程设计成一架精

密的机器，在管理的过程中，只讲究理性和秩序，而很少考虑人的因素，因此它存在着很明显的局限性。第一，高校学生制度化管理，是一种冷冰冰地建立在“外物”上面的管理体系，它通过一整套的规章制度规定限制了学生的思想和行为，从而削弱了学生学习的积极主动性。第二，每个学生都是独一无二的个体，尤其是大学生们朝气蓬勃、个性明显，然而在制度化管理过程中，制度的“刚性”忽略了每个学生不同的个性需求，致使学生的个性得不到应有的尊重。管理本就应该因时、因地、因人而采用比较灵活的方法，但如果采用制度化管理，就很难做到这一点。

最终，高校学生制度化管理在一定程度上束缚了当代学生的思维，限制了学生的创新精神。

（二）高校学生人性化管理的实质及弱点

人性化管理强调在高校学生管理中把人这一要素放在第一位，学校一切的管理活动都应该围绕着调动人的积极性、创造性展开。教师在教学授课的过程中应该尊重学生、爱护学生，让学生的潜能最大限度地发挥。

美国著名心理学家马斯洛（Maslow）认为，人类有五种层次的需要：生理需要、安全需要、社交需要、尊重需要和自我实现的需要。他认为，作为一个文明人所追求的终极目标就是自身价值的实现。人性化管理的理念正基于此。但是，我国一些高校学生管理工作者在管理过程中孤立片面地理解了这一概念，从而使学生缺少了制度的约束，这样就暴露了人性中的一些弱点，比如懒惰、自私、虚荣等。基于这种现象，应该把制度化管理和人性化管理有机结合起来，以确保学生健康成长。

（三）制度化与人性化相结合的管理模式

制度是维系高校学生正常地生活、学习的基本规范，理解制度化与人性化相结合的管理模式要注意两个方面：一是制度对所有学生都一视同仁，所有学生都要遵守学校的规章制度；二是在学校制度的严格要求下，对学生的基本权利有一定的保障作用，对学生的积极创造性也有激励作用，也就是说，学生的权利要靠制度来保障。制度的两大功能就是建立在对人性优点和弱点的把握之上的。一方面，它保障了人性中优点的发扬；另一方面，它也约束着人性中弱点的暴露。在通常情况下，学生更在意制度的约束管教功能，而忽略了制度的保障保护功能。这也不难理解，因为制度的外在表现形式就是硬性约束，而因约束已保障的内容，不容易被察觉，这也是学生常常认为学校的制度化管理缺乏人情味的主要原因。

高校在制定学校的相关管理制度时应该征求全校教职员工的意见，在制定制度的过程中，学校领导应呼吁广大教职员工积极参与，以确保制度制定后能代表广大师生的意愿，更好地服务于教育教学活动。在学校制定重要的制度之前，负责该事项的校领导干部应先征求师生意见，再拟定制度的草稿，还要在教职工大会上展开充分的讨论，最后根据讨论的结果对草案进行修改整理。这样制定的制度才容易获得教职员工的认可，才能体现学校的人性化管理，才能让制度化管理和人性化管理很好地结合在一起。

综上所述，制度化管理与人性化管理两者并不是互相对立的，两者是相辅相成的。在高校管理实践中，制度化管理和人性化管理互相配合，更有利于为学生创造一个良好的外部环境。在21世纪，人才是最重要的生产力，只有把制度化管理和人性化管理高效和谐地统一起来，才能为我国的现代化建设培养出更优秀的人才。人性化管理的实质就是更高层次的制度化管理，只有在坚持人性化管理的前提下，制度化管理才能取得良好的效果。

三、制度化与人性化相结合管理模式的实施路径

（一）公平、公正地执行制度

相关制度的实施需要确保其公平、公正，这样不但可以确保制度的有效实施，还能充分保障学生的合法权益，并充分体现学校的人性化管理。因此，想要有效地实现学生管理的制度化和人性化的结合，就需要将公平、公正地执行制度作为首要条件，以此来确保制度的有效实施。

（二）合理地建立管理机制

高校在制定学生管理制度时，可以有效地将人性化关怀融入制度之中。因此，高校想要有效地实施学生管理制度，就需要建立完善的制度化和人性化管理机制，这是学生管理制度能够健康持续发展的基础。

第四节　高校学生温情化管理模式

一、温情化管理的内涵

（一）温情化管理的理念

高校学生管理工作者要树立正确的班级管理理念，坚持以学生为中心，在学生面前树立师者风范，但同时又要和学生成为朋友，拉近距离。在学生犯错的时候，不能一味严厉批评，而要给予适当的宽容。在学生取得优异成绩的时候要毫不吝啬地给予鼓励和表扬，让缕缕的温情贯穿整个学生管理工作之中。

（二）温情化管理的内涵

1. 亲情化是温情化管理的渊源

家庭是亲情的诞生地，刚刚进入高校的学生难免在这个阶段出现亲情缺失感，高校学生管理工作者在进行学生管理的时候，应该把家庭中的亲情观念融入管理之中，采用亲情化的管理模式。对待学生像对待家人一样，让学生感受到家的温暖，感受到家人的亲情无处不在。同样，高校学生管理工作者也要引导学生树立班级是一个大家庭、同学之间是兄弟姐妹的观念，让亲情在整个班级中弥漫。

2. 友情化是温情化管理的扩展

高校学生管理工作者应主动了解学生的兴趣爱好，以及他们对不同事物的看法，探知他们的心中所想，引导学生树立正确的朋友观。友情虽然不同于亲情，但也是温暖人心的，当一个人拥有真正的友情就会感觉到非常幸福。

3. 温情化是温情化管理的内涵

温情化管理模式主要是调动人的内在动力。高校学生管理工作者对待不同类型的学生必须一视同仁，没有任何的偏袒，公平公正。这样，高校学生管理工作者在学生心目中的地位才会提高，才会获得学生的认可与尊重。

4. 随机化是温情化管理的催化剂

随机化在管理中的特点是不拘一格，随意性较强，没有任何规则可以遵循，这在学生管理中体现为学生兴趣发展的随机化。高校学生管理工作者应该采取随机化的管理模式，对不同学生的兴趣爱好给予鼓励和支持，而不是在其之上强加一些东西，甚至要求统一化。学生能够把自己的兴趣爱好、特长表现出来，对于其自身也是一种鼓励，其也会感到非常骄傲和自豪，幸福之感定会油然而生。

二、高校学生温情化管理的方法

（一）语言关怀

语言不仅是一门非常深奥的学问，更是一门沟通的艺术。在与人交流时，我们不仅要注意说话的内容，还要注意说话的语气。在和学生进行交流的时候，要通过语言体现出对学生的关怀。如多一些鼓励少一些讽刺、多一些赏识少一些批评、多一些尊重少一些轻视、多一些关怀少一些冷落等，让学生在充分的肯定语境中获得力量和温暖。

（二）行为关怀

如果说语言是一门艺术，那么行为就是另外一门艺术。行为是我们把我们的一些想法展现给他人的媒介。高校学生管理工作者管理学生时的行为关怀形式多种多样，应从学生的幸福感需要出发，采取温情化的管理，提高学生的幸福指数，让难事变成易事，让易事变得更简单。

三、高校学生温情化管理模式的实施路径

（一）温情接触

新生入校，面对陌生而又期盼已久的环境，急需有一个能够接纳自己的人来缓解心中的兴奋和迷茫，高校学生管理工作者应第一时间出现在学生面前，欢迎他们的到来并送上真诚的祝福，陪同他们了解即将开始四年大学生活的校

园。这样简单的接触就会使学生感受到被尊重、被理解、被关心。

（二）温情教导

大学生处于生理和心理逐步走向成熟的阶段，在这期间，面对纷繁世界的诱惑，不可避免地会犯这样或那样的错误。作为高校学生管理工作者，对犯错误的大学生，要从关心、爱护、帮助的角度给予校正和疏导。

（三）温情关怀

1. 从政治上关怀

帮助学生树立正确的入党动机，创造条件鼓励和帮助他们早日入党，从而在政治上更快成长。

2. 从学习上关怀

要注重培养学生良好的学习习惯，帮助他们掌握正确的学习方法。对于一些因学习方法不当而成绩比较差、考试不及格的学生，一方面要鼓励他们抓住下次补考的机会，另一方面要善于发现他们身上的特长，帮助他们改进学习方法，提高学习效率。

3. 从生活上关怀

要经常深入到学生中，了解他们生活上的实际困难，并在力所能及的范围内帮助他们解决。有些学生因家庭经济困难，无力支付大学期间的学习及生活费用，这时高校学生管理工作者就要通过国家、学校对贫困学生进行经济资助的各项政策，让每一名困难学生都能享受应有的资助，使学生以积极乐观的心态顺利完成学业。

4. 从心理上关怀

有些学生在社会实践、就业择业过程中会遇到挫折，心理会承受巨大的压力，这时高校学生管理工作者就要帮助学生克服内心深处的失落感、孤立感和无助感等。此外，高校学生管理工作者要学会进入学生的情感世界，引导他们树立正确的恋爱观和婚姻观。

（四）温情鼓励

新入学的大学生热情高涨，容易迷失自我，对此高校学生管理工作者应掌握学生动态，适时引导、鼓励学生参加适合自己的团体活动与社会实践，提高学生的综合素质。

总之，高校学生管理工作者要尽可能履行自己的职责，及时了解大学生的思想动态，不断探索大学生管理的新模式。只有这样，才能适应新形势下高等教育的需要，培养出具有创新能力和实践能力的高素质人才。

第五节　高校学生社会实践管理模式

高校人才培养途径是多种多样的，正确引导学生参加社会实践就是其中重要的一种。在早期的高校里，主要是通过在课堂上系统传授理论知识来培养人才。随着社会生产力的不断提高和发展，对教育和人才培养也提出了新的目标，那种仅仅依靠传授理论知识培养人才的方式已渐渐不适应时代要求。因为现代化的生产过程不仅要求人才掌握大量的理论知识，而且还应该具有较强的动手和创造能力。所以，社会实践就作为一种重要的教育方式被引进高校的教育过程，其重要作用日益引起人们尤其是教育工作者的重视。①

一、高校学生社会实践的科学内涵

高校学生社会实践是一种以实践的方式实现高等教育目标的教育形式，是学生有目的、有计划地深入社会，参与具体的生产劳动和社会生活以了解社会、增长知识技能、养成正确世界观、人生观的活动过程。学生社会实践是高校教育活动的重要环节，它与课堂教学相辅相成，共同完成高校的人才培养任务，实现学生的全面发展。

高校学生社会实践对学生的全面发展具有重要的意义，具体来说主要体现在以下几个方面。

---

① 李楠．高校学生管理模式的建构：基于学习型组织[J]．山西财经大学学报，2021，43（s1）：69-72．

（一）社会实践帮助学生树立科学的世界观

世界观是人们对世界的一般看法和根本观点，人们在生活中都会形成自己的世界观，但由于个人生活环境、所受的教育和影响不同，其世界观也有很大差异。总的来说，世界观有正确和错误之分，而正确的世界观经过理论化、系统化发展就会成为科学的世界观。学生树立正确的世界观需要靠两个方面的努力：一方面是学生要经常与社会接触，不断透过事物的表面现象，深入事物的本质，从而不断校正原来从现象上获得的肤浅的或错误的认识，使自己的认识符合事物的本质及规律；另一方面是学生通过系统的思维训练，通过学习前人正确的世界观理论，了解人们在世界观上容易走上歧途的种种可能，对自己的世界观经常进行反思，并不断地充实新的科学的内容。因此，社会实践对学生树立科学的世界观很有必要。

（二）社会实践推动学生的社会化进程

社会化是指个人与社会生活不断调适，由“自然人”发展为“社会人”的过程。社会实践可以增强学生的社会责任感。很多高校组织学生到基层参加社会实践活动，使学生提高了对改革的复杂性、艰巨性的认识，增强了他们的社会责任感。在社会实践中，越来越多的学生认识到，社会需要的不是冷漠的旁观者，也不是抱有同情心的捧场者，而是热情、直接地参加这项伟大建设工程的人。

通过社会实践，许多学生克服了原来自视清高的习气，自觉并充满激情地投入学习、生活和工作中。社会实践活动能够帮助学生找到自己和社会要求之间的差距，看到自身知识和素质上的缺陷，启发学生对自己进行重新认识和正确评价，促使学生从过去的“唯我独尊”的幻想中回到现实，重新确立自我价值实现的基点，从而在纷繁复杂的社会中找到个人和社会的最佳结合点。社会实践还能够促使学生与长辈们加强交流沟通。当前一些学生图安逸怕吃苦，自视清高，却认为他们的父辈过于保守、正统，两代人之间形成了一层无形的隔膜。究其原因，主要在于有些学生对父辈缺少了解。在社会实践中，学生以普通劳动者的身份直接参加的社会财富的创造活动培养了他们尊重劳动成果、尊重父辈们的思想感情。总之，在社会实践中，两代人之间可以相互沟通和相互理解，消除彼此对对方的偏见，进而有效地促进两代人之间的交流和融合。

（三）社会实践有助于学生能力的提升

部分大学生在一定程度上存在着眼高手低、忽视社会实践、脱离群众、动手能力弱等缺点，而积极踊跃地参加社会实践活动有利于弥补这些不足。受片面追求升学率的思想影响，部分学生只注意书本，不注意社会实践，存在“高分低能”的状况。这严重阻碍了他们在各项建设事业中发挥作用，延缓了他们成才的进程。实践是成才唯一的桥梁，只有实践活动才能使书本知识与实践操作合二为一。

事实证明，社会调查、科技咨询、信息服务、义务劳动等社会实践活动不仅可以使学生的智力资源得到直接的、有效的开发，达到分数与能力的统一、书本知识与实践的结合，还可以使个性不同的学生各获所求，各取所需，“缺什么，补什么”，从而有效地完善现行的教学方法，弥补学生自身的不足。

（四）社会实践促使学生贴近群众

回顾历史，凡是有所作为、有所创造的青年知识分子无不投入到轰轰烈烈的社会实践中，许许多多的政治家、经济学家、教育家、军事家、文学家等都是在社会实践活动中茁壮成长起来的。他们在实践中身体力行，为我们提供了光辉的典范。只有广泛、深入地参加社会实践活动，与广大群众相结合，学生才能健康成长。

二、高校学生社会实践的内容与形式

（一）高校学生社会实践的内容

1. 深入企事业单位，开展社会调查

学生通过深入城镇、乡村、科研院所、企事业单位开展社会考察和社会调查活动，从而了解社会、了解国情，同时对社会和企业的发展献计献策。社会调查和考察的直接目的是了解社会的实际情况，认识社会现象的本质及其发展的客观规律。

2. 深入企事业单位，开展社会服务

学生通过深入城镇社区和乡村开展文化培训、科普讲座、法律宣传和咨询活动，服务社区和乡村的两个文明建设。

科技服务活动面向经济建设主战场，面向城镇社区、县乡的中小型企业、乡镇企业。学生结合所学专业，发挥技术特长，在教师的指导下开展科技攻关、工程设计、科技成果推广、科技咨询和技术服务等活动，使科学技术为经济发展服务。

信息服务活动是指通过一定的途径把人才、工农业科学技术及社会生活等方面的信息资源的开发利用情况提供给被服务单位，并把被服务单位的信息传递出去，以期取得一定的人才效益、社会效益和经济效益。学生通过在校的学习掌握了一定的专业知识，可以通过开展信息服务活动把信息资源的开发过程及成果传播到各个领域，并进一步加以利用，在信息资源的开发利用之间架起一座桥梁。

3. 深入企事业单位，开展教学实习

教学实习是教学计划内的社会实践活动，是在教学计划规定的时间内进行的，要求每位学生必须参加并取得学分，是实现专业培养目标、保证人才质量的必修课。教学实习包括认识实习、生产实习、毕业实习等，是理、工、农、医等专业学生社会实践的主要形式，是把生产劳动引入教学，对学生进行思想政治教育、职业道德教育、专业教学和职业训练的基本环节。

4. 深入企事业单位，开展勤工助学

勤工助学对学生个人和国家都有着重要的意义。具体来说，它有助于学生个人的成长和成才，它有助于国家高科技人才的培养，有助于国家教育制度的改革和教育的不断发展。在假期里，学生所做的兼职教师、推销员、打字员、秘书、酒店服务员等工作，一方面可以在一定程度上解决困难学生的经济问题，另一方面也是高校开展社会实践活动、培养学生自立自强精神的有机组成部分。

具体来说，勤工助学主要包括校内公益劳动，校外社区服务活动，与企事业单位、部队、科研院所、乡村、居民委员会、商业企业等单位联合开展的其他形式的勤工助学活动。

（二）高校学生社会实践的形式

1. 活动型社会实践

这种社会实践以文化、科技、卫生下乡为主，通常做法是学校与某地联合，在某地以学校为主，组织一场甚至几场文艺演出，动员群众前来观看；或组织大型的科技咨询、文化宣传、医疗服务活动，场面宏大，气氛热烈，影响也较大。但这种社会实践投入大，组织过程复杂，参与的学生也不是很多。目前这种社会实践虽然是学生社会实践的主要形式，但仍然需要改进。

2. 参观型社会实践

这种社会实践通常是组织学生到风景名胜、工厂参观考察、座谈了解，虽然能对学生起到一定的教育作用，但除了能增进学生之间的友谊、加深学生对祖国大好河山的了解以外，不能真正很好地达到教育目的。于是学校就把这种社会实践作为对优秀学生或学生干部的奖励，组织少量学生参加，但取得的效益不大。

3. 课题型社会实践

学校以教师牵头，各相关年级学生参加，组成课题小组承担政府或企业的课题，通过广泛深入的调查宣传活动对课题进行攻关。学生参加这种实践的积极性比较高，而且这种活动能得到一定的社会资金支持，也能长期开展下去。

4. 生产型社会实践

这种社会实践的参与者以高年级学生、研究生、博士生为主，他们参加生产活动的某一环节，成为生产活动的一员。对于学生来说，一方面，既利用自己已有的知识促进了生产的发展；另一方面，又在实践中学到了书本上没有的知识，相得益彰。这种社会实践有着较强的生命力。

5. 挂职型社会实践

这种社会实践主要是以组织的形式到机关、社区、乡村挂任各种职务的助理，进行一些社会工作的实践。这种社会实践深受机关、社区、乡村的欢迎，但目前参加的人数较少。

6. 互动型社会实践

这类社会实践的参与者既有学生，又有城乡居民。在活动中，他们互为参照对象，相互学习、相互帮助，不仅共同获得进步，也在一定程度上促进了社会主义物质文明、精神文明和政治文明建设。

7. 学生自发型社会实践

学生在假期通过参加社会招聘活动、上门自荐活动等形式参加到各种社会生产活动中，除能体验社会生活活动中的酸、甜、苦、辣外，还能利用自己的所长，在为社会服务的同时取得一定的报酬，用以补贴学习或生活所需。这种社会实践参加的学生较多，学校支出也不是很大，应该进行鼓励。

三、高校学生社会实践的制度化建设

高校应把学生社会实践纳入整体教育计划，通过制定短期规划、长远规划和配套文件，形成一套完善的学生社会实践制度。该制度对实践活动的指导思想、方针原则、目标要求、形式内容、方法途径、时间要求、成绩考评、工作量计算、奖励办法、组织领导以及有关政策都应作出明确的规定，并随着学校体制改革不断加以修订，使活动贴近学校的发展实际，有章可循。高校学生社会实践的制度化建设应包含以下内容。

（一）建立社会实践领导小组制度

学校应成立由分管学生工作的党政领导和教务、科研、总务、学生处、团委等部分单位组成的学生社会实践活动领导小组，由其负责对全校社会实践进行统筹安排，制订计划，组织落实。各院（系、部）成立由分管学生工作的党总支书记（副书记）、团总支书记与学工办主任等参加的社会实践领导小组，负责本院（系、部）学生社会实践计划的制订与实施。同时，也可吸收校外人士，如地方政府相关领导、地方市团委同志及企业负责人员共同组成社会实践领导小组，建立友好关系，以便高校社会实践在地方、企业的顺利开展。

（二）完善社会实践活动基地建设制度

随着高校学生社会实践不断走向成熟，社会实践基地建设制度也成为一种趋势。相对于实践初期分散、随机的活动，基地活动可以有长远的计划，为培养人才制订完备的方案，同时也有利于基地方与校方建立长期互惠关系，使社会实践在双方自愿的基础上健康发展。社会实践活动基地建设制度包括两个方面的内容：一方面是为教学研究服务的社会实践基地的制度建设，这类基地包括城市工商企业、农业生产单位等基地；另一方面是思想政治教育和党建社会实践基地的制度建设，这类基地包括城市社区、农村基层组织、各类爱国主义教育基地等。

（三）建立社会实践指导教师队伍制度

开展学生社会实践的经验证明，社会实践要取得成效，离不开教师的积极参与。不同的社会实践需要不同的指导教师，为教学研究服务的社会实践由专业教师或相关专业的技术人员做指导教师；思想政治教育类的社会实践由政治辅导员、政治理论教师或校外政工干部做指导教师。

（四）建立社会实践考核与激励制度

考核激励是提高社会实践活动成效的有效方式之一。对学生参加社会实践活动定内容、计学分；对教师定任务、计工作量；对院（系、部）和教研室制定规划和考核措施。社会实践活动情况要做到“八个挂钩”，即与学生德、智、体、美、劳综合测评成绩挂钩；与奖学金挂钩；与评选先进个人和集体挂钩；与团员民主评议、推优入党和推荐免试研究生挂钩；与评选优秀党/团员挂钩；与学生的学分挂钩；与单位和个人的经济利益挂钩；与教师工作量和干部业绩的奖惩挂钩。只有这样，才能调动学生、广大教师干部以及社会各界、各单位参与社会实践的积极性、主动性，使社会实践形成有机运作、自我驱动、有轨发展的动力机制。

四、高校学生社会实践的发展趋势

（一）实践组织的科学化

作为系统工程的学生社会实践取得的效果，不仅取决于实践活动的社会化程度和实践制度的规范化程度，还取决于实践组织过程中的科学化程度。学生社会实践作为高等教育的重要组成部分，面临越来越高的要求。实践组织的科学化正是要通过不断地研究社会实践的基本规律，并严格遵循规律组织实践活动来动态地满足社会的要求，因此，实践组织的科学化就成为社会实践活动发展的必然趋势，它将贯穿社会实践活动的全过程，而具体实践组织过程中实践组织的科学化又依赖实践活动有机组织系统的确立和科学组织理论的指导。①

（二）实践制度的规范化

实践制度规范化的目的，是使社会实践活动做到有章可循、有据可依，以保证社会实践活动持续有效开展。实践制度规范化的标志是建立富有权威、系统全面、切实可行并具有自我发展机制的实践制度体系。

（三）实践活动的社会化

学生社会实践活动作为教育活动的主要形式之一，具有三个基本的构成要素，即实践活动组织者、实践活动本体和实践活动主体。因此，实践活动的社会化也由这三个构成要素的社会化来组成。这三个构成要素的社会化分别有其不同的含义。实践活动组织者的社会化，是指动员全社会的力量来关心、组织学生的社会实践活动，这是实践活动社会化的基本条件；实践活动本体的社会化是指具体实践活动过程的内容与形式必须以社会需要和社会所提供的条件为基础，这是实践活动社会化的重要途径；实践活动主体的社会化是指通过实践活动把社会的价值体系内化为实践参加者（学生）的价值体系，使实践参加者成为合格的社会成员，这是实践活动社会化的根本目的。由此可见，实践活动的社会化就是指动员全社会的力量以社会需要和社会所提供的条件为基础的实践活动，最终达到把学生培养成合格的社会成员的目的。

① 王莹．新媒体技术视角下大学生参与高校教学管理的路径探索[J]．湖北函授大学学报，2020，33（18）：135-136，139．

第九章

高校校园文化建设与学生管理的融合发展

第一节　高校校园文化建设与学生管理的内在关联

高校学生管理和高校校园文化建设之间存在着微妙的契合性：一方面学校的管理对象是学生，学校的一切管理理念都基于培养对社会有用的人才这一目标；另一方面学生又是校园文化建设的主力军之一，如果校园文化建设脱离了学生这一群体，就会变得毫无意义。因此，高校校园文化建设与学生管理之间应该是相互促进、相互影响、相互制约的关系。①

一、高校校园文化建设对学生管理的促进作用

（一）高校校园文化建设有利于激发学生管理工作活力

校园文化建设对学生的教化、规范、启迪作用，主要表现在缤纷多彩、灵活多样的校园活动当中。娱乐性的文化活动不仅可以培养学生的课余爱好、排除负面情绪、缓解精神压力、形成积极的健康心理，还可以使学生培养一种参与民主的管理意识，在参与的过程中不断强化组织管理能力，拓宽视野、活跃思维。教化性的文化活动能促使学生形成良好的道德修养，对学生的价值观和

① 李楠，刘丽，周国良．文化管理视角下的高校学生管理制度创新路径探索[J]．文化创新比较研究，2022，6（28）：139-143．

人生观的形成具有积极的导向作用，也满足了广大学生对文化、自身发展的需求。同时，熏陶性文化满足了广大学生丰富多彩的艺术、情感、精神的需求。校园文化变硬性的管理为软性的管理，“爱校如家”的认同感带来“无为”管理，充分激发了学生管理工作的活力。

（二）校园文化建设有助于提升学生管理工作效率

高校的学生生理上普遍成熟，自我意识强，思想活跃，心智已达到相当的高度。但很多学生感性多于理性，情感的两极性表现突出，情绪易波动，加上在家习惯了父母亲的庇护，涉世未深，没有经过大的困难和挫折，应变能力较差。他们渴望成功，却又不肯凭借自己的能力积极努力；他们急于求成，但又缺乏吃苦耐劳、艰苦奋斗的精神。校园文化的引导式建设，要寓管理于校园文化建设活动，变有形的管理为无形的管理，用无形的氛围去影响和引导学生的心理，这样比较容易取得学生的认同与协作。

二、高校学生管理对推动校园文化建设的作用

（一）管理环境和人文环境的塑造有助于校园精神文化的发展

高校极具特色的校园内部环境和外部环境组成了差异化的校园生活方式，而学校的特殊体制、办学宗旨、管理模式、办学目标等构成了各校各具特色的管理环境，是全体师生共同拥有的环境和应当共同遵循的价值观。高校的办学思想、校训、师德师风、学风、校歌、校史等构成了学校特有的人文环境，学校的办学理念是精神文化建设的实体结晶，因此高校的办学理念要体现以学生为中心理念、凸显校园特色等。校训是推动一所学校持续健康发展的原动力，优秀的校训可以“内聚人心，外树形象”。教风体现的是一所学校的教师在教学精神、教学态度和教学方法等方面形成的长期的、稳定的教育教学风气，展现了校园价值所在。创造优良舒适的管理环境、塑造深入人心的人文环境，有利于校园精神文化的发展。

（二）管理制度和运行机制的形成有利于校园制度文化的构建

制度文化是校园文化的重要组成部分，在制度文化建设中我们需要做到以

下三点。一是要建立健全管理制度，遵循科学性、可操作性和相对稳定性的原则，尤其注意激励机制的建立。二是做好宣传教育工作。制度出台前，通过各渠道做好师生的思想舆论引导；制度出台后，大力宣传建立制度的目的和意义等，组织师生学习制度的具体内容。通过舆论宣传，扩大教育效果，形成良好的校园文化氛围，使学生受到潜移默化的影响和熏陶，并最终成为制度的执行者和传播者。三是要认真组织实施，规章制度一经建立，就要认真组织实施，在实施过程中应力求做到“从严”“求细”和“与人为善”。通过完善的学生管理制度的颁布实施促使校园活动有章可循，按章办事。

从建设目标来看，高校校园文化建设和学生管理二者有统一的、共同的学生培养目标，其宗旨都是为高校培养高素质人才服务。例如，学生管理的根本目的是服务学生，管理学生的前提是要为学生构筑良好的、有序的校园环境。学校是教育人、培养人的社区，在学校发展过程中，学生要逐步接受包括学校最高目标、价值理念、校风、传统习惯、行为规范和规章制度在内的文化氛围。校园文化对于提高全体师生的凝聚力，建立良好的校风具有重要的意义。一系列的奖惩制度和评优机制既能表彰先进，又能约束学生的行为；既提高了学生的人文素养，达到促进高校学生管理工作开展的目的，又有利于和谐校园文化氛围的形成。

第二节　以校园文化建设加强学生管理工作

一、以优质的校园环境服务学生

（一）高品位的校园物质环境对学生审美观的影响作用

高品位的校园物质环境能够给人以美的感受，提高人的生活情趣，陶冶人的情操，净化人的心灵。高品位的校园物质环境，能够启发学生的想象，丰富学生的情感，活跃学生的思维。学生徜徉在湖边的垂柳之下，徘徊在五彩缤纷的花卉之中，登上郁郁葱葱的校园小山，闻着沁人心脾的花香，环顾着别具一格的建筑，凝视古今中外的伟人塑像，能够在静观之中，在心情愉悦的精神状态下，领悟到人生的哲理。高品位的校园物质环境就是一部富有感染力的审美教材，对培养学生的审美素养具有极大的促进作用。①

优美的校园是富有教育意义的课堂，是不闭幕的文化艺术展览，有利于陶冶学生的情操。如诗如画的校园风光、布局合理的校园建筑、鸟语花香的校园景致、整齐光洁的道路交通、美观科学的教室布置，无不给学生以巨大的精神力量。学生在幽静的环境中学习，感到舒心怡神，从而增强环境保护意识。爱美是人的天性，学生也不例外。校园的环境美可以升华为学生的情感美，引导学生鉴赏美、追求美、创造美。在一系列审美过程中，学生会认识到美是社会实践的产物，是由劳动创造的，从而理解心灵美、语言美、行为美的正确内涵。

亚里士多德（Aristotle）认为，美的主要形式是秩序、匀称和明确，美的东西应当是一个有机的整体。学校建筑的布局所体现的应是整体的美，要能够满足人们的使用需要，外形要能够满足人们的审美需求，这是建筑外在的本质特点。除此之外，建筑还需要有内涵，能够满足人们的精神需求。学校建筑要有象征意义，要以物喻人、托物言志，给学生留下更多的思考和想象的空间，成为实现学校办学目标和激励学生奋发图强、立志成才的精神动力。建筑好比学校的“眼睛”，透过这双眼睛，学生可以看到校园的成长历程。建筑是一种造型艺术，它既是实用性的物质产品，又是一种艺术形式，象征着某种理想和精神。

德国古典哲学家康德（Kant）曾经把美划分为两类——壮美和优美。他认为这两种不同形态的美，对人的影响和作用是不同的。壮美是一种宏伟的美，可以使人胸怀宽阔，产生宏伟的志趣、远大的理想、崇高的情操；优美是一种优雅和谐的美，可以使人产生优美健康的情感。

环境既能育人，又能造就人。因此，许多学校都把美化校园环境作为精神文明建设的重要内容来抓。不可否认，物质环境对人的教育起着奠基作用，是学校进行学生德育的物质保障，在无形中影响着环境中的每个人。试想在一个相对优化的校园环境中，学生们心情愉悦、精神格外放松，自然会产生和激发

① 张健．立德树人视域下高校校园文化建设路径的思考[J]．辽宁工业大学学报（社会科学版），2022，24（5）：96-98．

学习的灵感。这种学习效果并非有意识地创造，而是出自无意识的灵感激发，有利于激发学生学习的动力。

（二）人性化的制度环境对学生具有规范和约束作用

从管理和政策层面而言，学校制度环境是学生学习知识、增加体验、获得发展的重要保障，有明确的目的性和严格的控制性。虽然学校师生具有一定的自主权，但学校活动的开展不是随意的，必须遵守相应的规则，受到一定条件的制约。①

学校制度环境作为学校文化环境的一个重要组成部分，是维系学校正常课程秩序必不可少的保障机制，是学校建设的保障系统。建立协调一致、相互制约、有机结合的学校制度环境，是一项系统的工程。人是复杂的，每个人都有自己不同的特点，也有自己不同的需要，而且人具有主观能动性。任何管理制度在未得到人的认同前，据此从事的管理是被动的，管理的效果也是机械的、低效的。学校树立以学生为中心的理念，就是要关注人、尊重人、发展人。人才是学校制度文化的核心，育人是学校制度文化建设的根本目标，所以在学校制度环境建设中，要以生命生成的观点重建学校制度环境，尊重人的权利，满足人的需要，促进人的发展，让人成为制度的主人而不是制度的奴隶。通过调动人的积极性使“外在文化”转化为“内在文化”，重塑人的尊严，体现生命的可贵。制定学校制度时一定要注意“与人为善”，注意原则性与灵活性的和谐统一。

（三）健康积极的校园精神文化环境对学生的激励和导向作用

作为一所具有特色的学校，培养出来的学生，在未来的社会中所体现出来的价值，理应具有久远的生命力，理应具有对社会影响的广泛性。健康积极的校园精神文化环境可以通过一些建筑物或者标志物来彰显自己的精神，而所培养的学生应该具有为民族振兴、国家富强和人民富裕而艰苦奋斗的献身精神，应该具有天将降大任于斯人的气概，应该具有不断地追求新知、实事求是、独立思考、勇于创新的科学精神，应该是堪当兴国安邦重任、能振兴和复兴民族

① 罗喆．高校校园文化建设与思想政治教育深入融合机制探析[J]．继续教育研究，2021（5）：121-123.

的有志之士。因此，在校园中富有主题特色的建筑物以及它所承载的人文意义，理所当然地为学生立志树立航标。

二、以积极的校园精神感染学生

（一）培育校园精神

校园精神的培育要面向现代化、面向世界、面向未来，充分体现时代精神，适应新时代发展的要求。

校园精神的现代化，首先应该是文化观念的现代化，这是校园精神面向未来的前提和先导，决定着校园精神培育过程的各个环节。不同的文化观念，会产生不同的道德思想和方法，导致不同的教育效果。现代化从根本上讲是人的现代化，是人的精神解放和自由。因此，校园精神的现代化就是要在传承优秀文化的同时，不断吸纳全人类一切优秀文明成果来充实校园文明，使校园精神不仅有自己的特色，而且能够面向未来，面向世界。校园精神培育的现代化从内容的安排上来看，要把传承和发扬优秀传统文化与现代化科技教育结合起来、把基础理论知识的教育与科技发展前沿知识的教育结合起来、把弘扬中华文化与人类共同创造的世界优秀文化结合起来，以使我们的校园精神的培育海纳百川、兼收并蓄，进而实现文化的交融和升华。校园精神培育的现代化从具体的做法上，还应努力实现决策方法、管理方法和工作手段的现代化。[①]

面向世界、面向未来，也是校园精神培育的发展方向。从现实角度看，当今世界进入了一个经济一体化的时代。信息技术的突飞猛进，交通和通信技术的高度发展，使地球变小了，使各个国家和民族间的距离拉近了，文化上的交流和融合已经成为当今重要的时代特点。我国在改革开放过程中，校园精神培育吸收了一些适应市场需要的观念，如效益效率观念、市场竞争观念、诚实守信观念、质量观念、服务观念、人才观念、惜时观念、法治观念、风险观念、开拓创新意识等，这对于校园精神培育起到了良好的推动作用。

① 郝思尧．思想政治教育视域下高校校园文化建设研究[J]．知识经济，2020（6）：86-87.

（二）校训是校园精神的集中体现

1. 校训

校训作为学校传统的核心内容、学校群体价值观的升华，是校园精神的核心。有许多学校的校训有其深刻的历史渊源。例如，1914年，清华大学建校三年，提倡德、智、体三育并进和“人格”教育，同年11月10日，学校请梁启超先生来校演讲，他演讲的题目为《君子》。他引《易经》中“乾坤”二卦“天行健，君子以自强不息”“地势坤，君子以厚德载物”，来勉励清华大学学生树立完整人格。梁启超先生的此次演说对清华大学优良的学风和校风的养成产生了深远的影响，这以后，学校即把“自强不息，厚德载物”写进了清华校规，后来又逐渐演变成清华校训。

南开大学的校训“允公允能，日新月异”，是其创办人张伯苓先生提出的。张伯苓认为，中华民族患有“愚、弱、贫、散、私”五大弊病，要办教育来矫正之。南开大学对学生实行五个方面的训练：重视体育、提倡科学教育、创办各种团体组织、道德训练、培养救国力量。这五项基本训练，以“允公允能，日新月异”校训为指导原则，目的在于培养学生爱国爱人民之公德与服务社会之能力。

大多数名牌大学都有自己独特的校训，这些校训虽然不尽相同，但它们都是在中华民族传统文化土壤上培育生长起来的，大多反映了中国教育治学和育人的内容。

2. 校训可以体现学校办学特色

校园精神作为校园文化的集中表现和高度凝聚，不仅体现在它对内能创设出一个积极健康、团结向上，影响校内成员价值选择、人格塑造、思维方式、精神风貌、道德情感、行为习惯等关系学校教育质量优劣的文化环境，而且体现在它对外表现了学校的魅力和个性所在。学校若缺少或失去自己固有的特色，自然也就不具有吸引社会的巨大魅力和竞争能力。

学校特色是一所学校独具的区别于其他学校的办学个性，是最为突出、最具有典型意义、显示巨大社会效益的校园魅力。校训，即学校特色的高度浓缩。它的作用在于引导校园风气。例如，师范院校注意培养为人师表、言传身教的奉献精神。北京师范大学的“学为人师，行为世范”的校训将师范院校独特的性质和要求加以强调；复旦大学的校训“博学而笃志，切问而近思”具有中国传统文化的特色；中国人民大学的校训“实事求是”，言简意赅，个性鲜明。这些校训具有简练而精深的特点，因而容易深入人心，凝聚为具有感召力、渗透力的校园精神。

需要指出的是，并非所有校训都能升华为校园精神。有些校训内容空洞、陈旧、雷同、缺乏个性，很难突出学校特色，需要加以改进。

第三节　以学生管理工作助推校园文化建设

一、准确定位学生骨干在校园文化建设中的角色

学生骨干是思想政治教育研究的常用概念，近年来一些研究对这一概念的内涵阐述不断丰富。高校校园文化建设也是思想政治教育研究领域的概念，针对这一概念的研究较多，学术界对这一概念的界定比较一致。①

（一）学生骨干构成

学生组织干部、党员和先进积极分子、社团主要成员、具备突出特长和号召力的学生群体是高校校园内的学生骨干的主要组成部分，本节以学生骨干的性质和学生群体组织之间相互作用的群体目标为导向，把学生组织主要划分为功能型、项目型和兴趣型三种类型，进而把学生骨干群体也同步划分为以下几种类型。

1. 功能型的学生骨干

功能型的学生骨干是校园学生骨干群体的主要构成，占据学生骨干群体数量的大多数。在通常情况下，此类学生骨干会以校园基层管理活动为载体，听从校党委相关部门的统一领导和指挥，既是校园文化活动的主要参与者，又是组织者和管理者，在基层管理和领导其他非学生骨干群体，以便深入细致地调

① 王江．高校思想政治教育与校园文化建设互动研究[J]．黑龙江教师发展学院学报，2020，39（8）：91-93.

查和了解校园各类学生群体的学习生活及思想动态状况，主要以学生会和社团中的学生干部和党员身份存在。学生干部主要是在学生组织联合会、班级、团委等组织中担任管理或者领导角色的学生骨干，是学校最基层的教育管理者、基层组织活动的参与者和实施者，也是高校教育和高校管理的重点对象。总而言之，学生干部是参与学校基层管理，具备服务和管理性质，是促进学生走向自我管理和自我服务的典型性的代表群体。党员则是校园中学生群体中的代表性的优秀成员，具备较高的政治素养和信念，是中国共产党先进理论的崇尚者和践行者，在学习上和生活上都是全校师生的楷模，具备艰苦奋斗、积极乐观、崇尚先进的精神品质，是高校校园中思想政治觉悟较高的学生骨干代表。

2. 项目型的学生骨干

项目型的学生骨干是以项目活动为载体，以满足社会发展和校园发展需求为导向，为提高学生群体的某一项工作能力或者学校某一领域的发展，积极投身于各个领域内开展项目活动之中。项目型学生骨干一般情况下具备更强的实践能力、生活能力和学习能力，是通过组织的系统性培养，而形成的专项人才，主要可以分为科研学习精英和文体活动精英两类。

科研学习精英是高校发展必不可少的重要群体，有利于实现新形势下教育改革的重要目标，有利于满足国家和社会发展的人才需要，是我国智慧库发展的重要人才储备力量。在现阶段的高校科研学习精英中，已然有不少成为各个领域和专业内的佼佼者，为校园、社会和国家的发展贡献力量。文体活动精英是活跃校园文化氛围，带动校园多元化和综合化发展的重要群体。他们通常具备文体方面的特殊优势，在校内外开展文体娱乐活动，带动和激发同学们的生活乐趣和活动热情，促进校园文化建设和校园文化的传承与发展。

3. 兴趣型的学生骨干

兴趣型的学生骨干是以共同的兴趣爱好为根本出发点，自愿聚集而形成的社团或学生组织，服务于同一兴趣爱好的学生群体，为之创造学习和交流的机会，并且在社团或此类学生组织中担任领导角色。兴趣型的学生骨干在校园生活中主要存在于诸如志愿者协会、舞蹈团、武术社团、魔方协会、骑行社团等以兴趣爱好为导向的学生组织中。一般情况下，此类学生骨干都有一定的突出特长，在组织管理和发展中起到领导作用，以显示出较强的领导能力。用发展的眼光看待事物的发展，兴趣型的学生骨干一般都是文体领域的后备人才，是社会公益领域的积极参与者，在促进校园文化建设多元化发展的同时，极大地带动了社会文化的进步。

（二）学生骨干的特征

学生骨干对于社会主义现代化建设、民族发展和中国梦的实现，都有着重大推动作用。在教育改革和社会体制转变的新时期，高校学生骨干主要表现出以下几项特征。

1. 坚定的政治信仰

政治信仰对于个人成长，尤其是学生群体的成长和发展具有重要意义，是高校学生骨干的核心特征。学生骨干要保持坚定的政治信仰和立场，善于根据时势的变化，了解和掌握国家和社会的发展方向。

学生骨干学习和贯彻落实党在新形势下的目标和任务，重视思想教育和政治信仰的培养，在重大选择和方向上始终保持清醒的认知和头脑，坚决与党中央保持高度一致，并在日常的学习和生活中积极主动地维护党和人民的利益，在校园活动中维护广大学生群体的利益。

2. 一定的领导能力

校园中学生骨干是起到代表性和模范性作用的群体，具备表率和引导作用。通过领导非学生骨干群体和基层学生管理活动，学生骨干通常会展现出个人的领导魅力，在校园生活中则表现为知人善任，鼓励和发现他人的长处和优点，激发团队成员的积极性和潜力，不好大喜功，重视激发团队的合作意识，善于利用目标和愿景来引导和培养团队成员的工作能力和参与积极程度，最大限度地挖掘团队成员的潜力，发挥团队成员的作用。

3. 显著的工作能力

学生骨干是校园文化建设活动的参与者和组织者，在学生工作上积累了较为丰富的经验。同时，在学习专业文化课程之余，也锻炼了其他方面的工作能力。校园文化建设活动塑造了学生骨干的学习能力和适应能力，使其具备一定的组织管理能力、时间安排能力和协调组织能力。学生骨干通常以其较多的实践经验提高其就业实践能力，在视野上较为开阔，思维方式也与非学生骨干表现出较大的不同。

4. 较高的服务意识

服务意识是学生骨干参与校园文化建设的核心和宗旨，服务于最广泛的学生群体是校园文化活动的目标和意义所在。服务意识和态度是选拔学生骨干的主要标准，如全心全意为同学着想，以同学需求为导向，解决同学的实际困难，利用自身在学生和教师之间的桥梁纽带地位，积极保持与同学和教师的紧密联系，充分发挥好信息传递与反馈、服务同学的重要作用，为教师和同学排忧解难，努力解决同学遇到的问题。

5. 高度的责任意识

责任感是学生骨干选拔的重要指标，高度的责任意识是学生骨干在工作中服务同学和教师的内在推动力，促使他们在完成工作任务的时候更加高效、积极。这种责任意识还体现在学生骨干对社会热点的关注，对社会发展和民生问题等都具备高度的社会责任感。学生骨干高度强烈的责任感促使其成为先进的社会主义现代化建设的后备军，将个人成才、个人价值与国家发展、个人命运与国家命运和发展需要密切结合起来，在个人职业生涯发展上更为注重自己对集体、社会和国家的贡献。

二、校园文化建设在学生管理工作中的促进性

校园文化建设与学生管理工作有着内在的联系，对学生管理工作起着重要的激励作用，而学生管理工作又是学校教育工作的重要组成部分，是维护学校正常的教学生活秩序，实现培养目标的重要保证。在新时代背景下，社会主义市场经济的深入发展、经济的全球化、素质教育的全面实施等都对学生管理工作提出了更新、更高的要求。面对新形势的需要，高校应积极采取措施加强校园文化建设，充分发挥校园文化的激励作用，推进学生管理工作迈上新台阶。①

① 徐火军．大学生思想政治教育与校园文化建设研究[J]．吉林工程技术师范学院学报，2013（3）：31-33.

（一）校园文化对学生管理工作的重要影响

1.校园文化有效地激发了学生管理工作的活力，能够培养大学生积极向上的心态

校园文化寓教育、管理于丰富多彩、灵活多样的校园文化活动中，在潜移默化中起到对学生的教化、熏陶、规范、启迪作用。教化性的文化活动可以促进学生形成良好的道德修养，对其价值观和人生观产生积极导向，也满足青年学生知识、智能发展的需要；熏陶性文化活动则可以满足广大学生丰富多彩的艺术、情感、精神的需求；娱乐性的文化活动可以培养学生业余爱好，帮助其疏导消极的情绪，缓解压力，形成积极健康的心理状态。

2. 校园文化强化了学生管理工作的内力，有助于促进大学生自身综合素质的全面提高

一方面，高校校园文化活动本身就是人际交往互动的过程，扩大了学生的人际交往范围，满足了他们社会交往的需要。更重要的是，他们在参与的过程中通过发挥自己的优势和特长，使潜能或潜质发挥出来，实现管理与自我管理的有效结合。另一方面，高品位的校园文化有利于学生管理干部优秀思想品德、文明言行的养成。学生管理干部素质的高低从某种意义上决定了学生管理工作水平的高低。校园文化变单一的管理为双向管理，变少数人的管理为全员管理，强化了学生管理工作的内力。

（二）校园文化建设在推进学生管理工作中的着力点

1. 营造环境文化氛围，实现文明管理

环境文化主要包括四个方面：一是校园物质文化环境，校园物质文化环境是师生员工学习、工作、生活、娱乐等活动的物质条件，是学校教育的基础环境和基础条件，反映着学校的物质面貌；二是知识环境，主要是指学术水平、学术氛围、教学内容、教学经验等方面的情况和条件，直接关系到育人的质量，关系到管理工作的成败；三是舆论环境，主要是通过正确的政治方向、舆论导向和价值取向，弘扬社会主义主旋律，宣传先进模范人物，正确引导学生的价值观；四是人际环境，指校园内部人际关系，包括领导之间、教师之间、

师生之间、学生与学生之间等多方位的关系，建立这种关系应以平等、理解、信任、互爱和互助等为原则。

2. 营造精神文化氛围，实现科学管理

营造精神文化氛围要有全员共建的思想，把精神文化建设纳入学校教学、管理的体系中，实现系统建设、科学管理。首先要在课堂教学和一切校园文化活动中坚持正确的政治方向，注入政治理论、思想品德方面的内容，坚持加强对师生的爱国主义、集体主义、社会主义的思想教育，加强优秀传统文化教育，弘扬民族优秀传统文化，增强学生的民族自信心、自尊心和使命感，激发他们的爱国主义精神。其次要重视第二课堂活动，要根据高校总体培养目标和学生实际，用健康高雅的文化和艺术，丰富校园文化生活，引导学生合理支配闲暇时间，提高休闲艺术品位。在校园文化活动中，学生通过自我教育、自我管理、自我服务，充分发扬自主精神，发挥主动性、创造性和自己的专长、潜能，对培养学生健全的人格、创造意识和创造能力有着不可替代的作用。可见，良好的精神文化氛围是实现科学管理的前提。

（三）营造文化育人氛围，完善文化管理机制

从某种意义上讲，文化育人机制创新直接影响到我国高校人才培养的质量。高校应不断创新文化育人机制，本着为学生服务的原则，促进社会主流文化的形成，从而正确地引导学生。为此，高校要创新教育观念，以高尚的精神和人格鼓舞学生，激发他们的创新意识和探索精神，同时，还要实现方式和内容上的创新。

要实现文化育人机制的创新，就要通过不断地总结、不断地突破，努力完善制度管理机制，具体可以从以下方面进行。首先，要加强对文化育人机制创新的广泛宣传。高校可以组织一些优秀的教师自愿加入对教育、技术的开发应用和创新工作当中，构建一个专业性、学术性的创新学术团体，在法律法规允许的范围之内，用科学的眼光审视、开展创新活动，研究推广其创新成果，使得广大高校师生的创造力都得到激发，为社会培养更多创新型高技能人才。其次，建立专门的教育管理机构，强化现有的教育指导功能，在宏观上对高校教育进行指导、规划、监督、检查和研究，促进长效创新机制的形成，为开展文

化育人机制的创新活动提供良好的支持。最后，加强教育管理干部培训，提高其科学管理水平，同时，还要从各地实际出发，注重教学形式上的灵活多样，开设当代世界各国教育研究课。

校园文化具有重要的激励作用，在新时期学生管理工作中，校园文化建设已成为学生管理工作的有效途径和有力载体，在塑造学生道德品质方面起着不可估量的作用；校园文化既是加强对学生日常管理的主渠道，也是对学生进行思想、政治、品德教育的重要途径。良好的校园文化是一种潜在的教育力量，以某种特有的潜在激励作用影响着师生的思想、情感、道德水平，改造师生的内心世界；高品位的校园文化还拓宽了学生管理的实践领域，使学生管理与素质教育、创新教育有机结合起来，增强了新时期学生管理工作的针对性和实效性；同时，校园文化把教书育人、管理育人、服务育人、文化育人有效地整合统一起来，从而拓展了新时期学生管理工作的新途径，形成了功能互补的全员育人文化与健康和谐的管理文化。

参考文献

[1]吴文静．高校学生管理与模式创新研究[M]．北京：北京工业大学出版社，2023.

[2]王春宝，张永越．高校学生管理创新理念研究[M]．北京：中国商务出版社，2023.

[3]祁素萍．高校学生管理工作创新与研究[M]．长春：吉林人民出版社,2021.

[4]王禄佳，王培培．高校学生管理工作创新与实践[M]．长春：吉林出版集团股份有限公司，2024.

[5]王志煊．高校学生管理工作实践探索[M]．延吉：延边大学出版社，2024.

[6]梁晓珊．高校校园文化建设[M]．长春：吉林人民出版社，2021.

[7]刘杨．高校校园文化建设的途径与方法[M]．长春：吉林人民出版社，2024.

[8]杨金辉．校园文化建设和学生管理工作的互动机制[M]．北京：中国原子能出版社，2020.

[9]谢守成．新时代高校文化建设的基本要求[J]．学校党建与思想教育，2017（12）：4-9.

[10]李昀．郑州市高校思想政治教育与校园文化建设研究[J]．智库时代，2021（3）：158-159.

[11]张思雨．“以人为本”理论下高校学生管理工作研究[J]．湖北开放职业学院学报，2023，36（22）：44-46.

[12]王睿．高校思想政治教育与校园文化建设互动研究[J]．青年时代，2020（25）：197-198.

[13]冯刚．新时代文化育人的理论考察[J]．学校党建与思想教育，2019（5）：4-7.

[14]王江．高校思想政治教育与校园文化建设互动研究[J]．黑龙江教师发展学院学报，2020，39（8）：91-93.

[15]王丹．实践育人视阈下高校学生事务管理工作的实践再思考[J]．明日，2021（14）：66.

[16]周维．现代治理视角下高校学生组织发展探析[J]．读天下：综合，2020（16）：1.

[17]唐雁．新时代高校校园文化建设策略研究[J]．渤海大学学报（哲学社会科学版），

2022，44（3）：102-105.
[18]郝思尧．思想政治教育视域下高校校园文化建设研究[J]．知识经济，2020（6）：86-87.
[19]李跃辉，杨小会，陈梅明，等．新媒体视域下高校辅导员开展学生管理工作的挑战与对策探究[J]．新闻研究导刊，2023（22）：33-35.
[20]高誉．高校学生管理工作创新研究[J]．现代教育论坛，2021，4（10）：67-68.
[21]李琢．心理健康视角下高校学生管理工作探讨[J]．冶金管理，2021（13）：189-190.
[22]吴佩育，张艳青．新工科背景下高校理工类专业课程思政探析[J]．衡水学院学报，2023，25（1）：61-64.
[23]李万平．智能传播时代网络空间主流意识形态话语权的流失与重构[J]．贵州省党校学报，2021（4）：62-69.
[24]胡英．高校学生管理视角下的大学生媒介素养提升探究[J]．河南教育：高教版（中），2023（9）：42-43.
[25]刘西珍．新媒体环境下精细化管理在高校学生管理工作中的有效运用[J]．传播力研究，2020，4（24）：181-182.
[26]马玉，陈伟．基于学生主体发展视角下中国高校学生管理改革路径研究[J]．河北农机，2020（8）：92.
[27]祝庆轩．学生个性化发展视角下高校教学管理模式探微[J]．知识经济，2020（12）：163-164.
[28]梁岩妍，王千石．论“后疫情”时代我国高校网络意识形态安全防线的构建[J]．新闻前哨，2021（6）：123-124.
[29]张健．立德树人视域下高校校园文化建设路径的思考[J]．辽宁工业大学学报（社会科学版），2022（5）：96-98.
[30]刘家松．立德树人视域下高校学生管理工作与思想政治教育教学工作协同发展探究[J]．中国科技期刊数据库 科研，2022（10）：1-4.
[31]张彤，孙嘉铭．“三全育人”视角下高校思政教育与学生管理工作有效融合路径分析[J]．吉林教育，2023（32）：73-75.
[32]白利红．新媒体环境下高校学生管理的挑战与对策探究[J]．新闻研究导刊，2022，13（1）：202-204.
[33]王宇，秦佳文．高校思想政治教育与校园文化建设互动机制研究[J]．文学少年，2020（5）：43.
[34]罗喆．高校校园文化建设与思想政治教育深入融合机制探析[J]．继续教育研究，2021

（5）：121-123.
[35]翟思睿．大数据视角下改革创新辅导员学生管理工作的路径研究[J]．山西青年，2020（9）：225.
[36]邬津，刘柳．社会治理视角下的高校网格化管理模式探究[J]．才智，2020（14）：64-65.
[37]王莹．新媒体技术视角下大学生参与高校教学管理的路径探索[J]．湖北函授大学学报，2020，33（18）：135-136，139.
[38]张浩轩．“互联网+”时代高校学生管理模式创新研究[J]．互联网周刊，2023（24）：65-67.
[39]刘馨阳．新媒体背景下高校学生管理工作研究[J]．办公室业务，2021（16）：74-75.
[40]李楠，刘丽，周国良．文化管理视角下的高校学生管理制度创新路径探索[J]．文化创新比较研究，2022，6（28）：139-143.
[41]盛丹．互联网思维视角下高校学生生态管理模式探究[J]．环境工程，2022，40（2）：36-37.
[42]张亚涛，苏里阳，刘莉．高校学生管理与思政教育工作的融合发展思考探究[J]．文化创新比较研究，2021，5（9）：183-185.
[43]兰敏利，马健，冯鑫．新时期高校思政教育与学生管理研究：评《高校思想政治理论课程建设研究》[J]．科技管理研究，2021，41（3）：214.
[44]郭策，游舒颖，王苹．新媒体时代高校校园文化建设的机遇、困境与出路[J]．湖北经济学院学报（人文社会科学版），2020，17（7）：103-105，147.
[45]沈煜，周燕．探究新媒体时代高校工会促进校园文化建设的路径[J]．才智，2022（23）：127-129.
[46]傅蕙君．建设大学校园文化提升文化育人能力：新媒体视域下大学校园文化建设的新探索[J]．中国电化教育，2021（8）：136-138.
[47]吴建华．从金鸡到凤凰——校园文化建设促进学校高质量发展的探索[J]．广东教育（综合版），2023（8）：65.
[48]周洪武，王喜凤．如何以文化建设助推学校高质量发展——《教育家》杂志线上圆桌论坛实录[J]．教育家，2022（7）：44-47.
[49]张慧．社会主义核心价值观引领的高校校园文化建设路径探析[J]．文化创新比较研究，2023，7（20）：151-156.
[50]吴雪莹．新时代高校校园文化建设工作案例探析[J]．太原城市职业技术学院学报，2023（10）：71-73.

[51]胡海林，费芳．论高校校园文化建设对优良学风形成的影响[J]．岳阳职业技术学院学报，2022，37（6）：7-10.
[52]于成文．加强大学校园文化建设持续推动高等教育内涵式发展[J]．北京教育：德育，2023（9）：9-12.
[53]杜飞．大思政视域下高校校园文化建设研究与实践[J]．安徽工业大学学报（社会科学版），2023，40（3）：93-96.
[54]王薇．高校学风建设体系机制与培育路径研究——评《高校学风建设与校园文化融合发展研究》[J]．科技管理研究，2023，43（9）：224.
[55]王毅，修俊勇，马千越．管理学基本理论在高校学生管理中的应用[J]．中国教育技术装备，2021（13）：44-45.
[56]赵春节．新时代高校校园文化治理的途径探索[J]．才智，2023（28）：145-148.
[57]任凯悦．高校校园文化建设与大学生实践能力培养[J]．文化创新比较研究，2023，7（21）：156-160.
[58]徐火军．大学生思想政治教育与校园文化建设研究[J]．吉林工程技术师范学院学报，2013（3）：31-33.
[59]张思坚．新时代大学校园文化建设创新研究[J]．教书育人（高教论坛），2018（30）：20-23.
[60]郭笑鸽．基于多中心治理理论的高校学生社区管理路径优化[J]．周口师范学院学报，2023，40（2）：90-93.

后　记

在高等教育机构中，校园文化是学校发展的灵魂，是凝聚人心、展示学校形象、提高学校文明程度的重要手段。营造良好的校园文化氛围，可以陶冶学生情操、构建学生健康人格、提高学生素质。校园文化的丰富多样性和教育深度能显著影响学生的思想政治认知、心理健康状态及社会归属感。

高校校园文化建设包括精神文化建设、制度文化建设、行为文化建设和物质文化建设。其中精神文化起着统领的作用，是校园文化的最高层次；制度文化作为校园文化的内在机制，是维系学校正常秩序必不可少的保障机制；行为文化是校园文化的动态层面，是校园文化在师生身上的具体体现；物质文化是实现目的的途径和载体，是推进学校文化建设的必要前提。四个方面建设的全面、协调发展，将为学校树立起完整的文化形象。

高校学生管理不断为大学生的全面发展服务。系统总结我国高校学生管理工作的经验与教训，构建具有中国特色、符合时代精神的高校学生管理模式，不断完善高校学生管理体系，是新时期高等教育高质量发展的核心命题。

随着社会的发展，我国教育事业也要有所突破。基于此，我国高校要从强化自身文化建设着手，来提升学生管理工作的整体质量。通过分析高校校园文化建设与学生管理工作之间存在的内在关联性，能够更加明晰高校校园文化建设与学生管理的融合发展之路，以校园文化建设加强学生管理工作，以学生管理工作助推校园文化建设，从而为现代教育管理实践带来启示。